**A**

| Name | | | | | | | | | | |
|---|---|---|---|---|---|---|---|---|---|---|
| Address | | | | | | | | | | |
| | | | | | | | | | | |
| Phone | | | | | | | | | | |
| E-mail | | | | | | | | | | |
| Year | 20..... | 20..... | 20..... | 20..... | 20..... | 20..... | 20..... | 20..... | 20..... | 20..... |
| S | | | | | | | | | | |
| R | | | | | | | | | | |
| Name | | | | | | | | | | |
| Address | | | | | | | | | | |
| | | | | | | | | | | |
| Phone | | | | | | | | | | |
| E-mail | | | | | | | | | | |
| Year | 20..... | 20..... | 20..... | 20..... | 20..... | 20..... | 20..... | 20..... | 20..... | 20..... |
| S | | | | | | | | | | |
| R | | | | | | | | | | |
| Name | | | | | | | | | | |
| Address | | | | | | | | | | |
| | | | | | | | | | | |
| Phone | | | | | | | | | | |
| E-mail | | | | | | | | | | |
| Year | 20..... | 20..... | 20..... | 20..... | 20..... | 20..... | 20..... | 20..... | 20..... | 20..... |
| S | | | | | | | | | | |
| R | | | | | | | | | | |
| Name | | | | | | | | | | |
| Address | | | | | | | | | | |
| | | | | | | | | | | |
| Phone | | | | | | | | | | |
| E-mail | | | | | | | | | | |
| Year | 20..... | 20..... | 20..... | 20..... | 20..... | 20..... | 20..... | 20..... | 20..... | 20..... |
| S | | | | | | | | | | |
| R | | | | | | | | | | |

| Name | | | | | | | | | | |
|---|---|---|---|---|---|---|---|---|---|---|
| Address | | | | | | | | | | |
| | | | | | | | | | | |
| Phone | | | | | | | | | | |
| E-mail | | | | | | | | | | |
| Year | 20.... | 20.... | 20.... | 20.... | 20.... | 20.... | 20.... | 20.... | 20.... | 20.... |
| S | | | | | | | | | | |
| R | | | | | | | | | | |

| Name | | | | | | | | | | |
|---|---|---|---|---|---|---|---|---|---|---|
| Address | | | | | | | | | | |
| | | | | | | | | | | |
| Phone | | | | | | | | | | |
| E-mail | | | | | | | | | | |
| Year | 20.... | 20.... | 20.... | 20.... | 20.... | 20.... | 20.... | 20.... | 20.... | 20.... |
| S | | | | | | | | | | |
| R | | | | | | | | | | |

| Name | | | | | | | | | | |
|---|---|---|---|---|---|---|---|---|---|---|
| Address | | | | | | | | | | |
| | | | | | | | | | | |
| Phone | | | | | | | | | | |
| E-mail | | | | | | | | | | |
| Year | 20.... | 20.... | 20.... | 20.... | 20.... | 20.... | 20.... | 20.... | 20.... | 20.... |
| S | | | | | | | | | | |
| R | | | | | | | | | | |

| Name | | | | | | | | | | |
|---|---|---|---|---|---|---|---|---|---|---|
| Address | | | | | | | | | | |
| | | | | | | | | | | |
| Phone | | | | | | | | | | |
| E-mail | | | | | | | | | | |
| Year | 20.... | 20.... | 20.... | 20.... | 20.... | 20.... | 20.... | 20.... | 20.... | 20.... |
| S | | | | | | | | | | |
| R | | | | | | | | | | |

# A

| Name | | | | | | | | | | |
|---|---|---|---|---|---|---|---|---|---|---|
| Address | | | | | | | | | | |
| | | | | | | | | | | |
| Phone | | | | | | | | | | |
| E-mail | | | | | | | | | | |
| Year | 20..... | 20..... | 20..... | 20..... | 20..... | 20..... | 20..... | 20..... | 20..... | 20..... |
| S | | | | | | | | | | |
| R | | | | | | | | | | |
| Name | | | | | | | | | | |
| Address | | | | | | | | | | |
| | | | | | | | | | | |
| Phone | | | | | | | | | | |
| E-mail | | | | | | | | | | |
| Year | 20..... | 20..... | 20..... | 20..... | 20..... | 20..... | 20..... | 20..... | 20..... | 20..... |
| S | | | | | | | | | | |
| R | | | | | | | | | | |
| Name | | | | | | | | | | |
| Address | | | | | | | | | | |
| | | | | | | | | | | |
| Phone | | | | | | | | | | |
| E-mail | | | | | | | | | | |
| Year | 20..... | 20..... | 20..... | 20..... | 20..... | 20..... | 20..... | 20..... | 20..... | 20..... |
| S | | | | | | | | | | |
| R | | | | | | | | | | |
| Name | | | | | | | | | | |
| Address | | | | | | | | | | |
| | | | | | | | | | | |
| Phone | | | | | | | | | | |
| E-mail | | | | | | | | | | |
| Year | 20..... | 20..... | 20..... | 20..... | 20..... | 20..... | 20..... | 20..... | 20..... | 20..... |
| S | | | | | | | | | | |
| R | | | | | | | | | | |

| Name | | | | | | | | | | |
|---|---|---|---|---|---|---|---|---|---|---|
| Address | | | | | | | | | | |
| | | | | | | | | | | |
| Phone | | | | | | | | | | |
| E-mail | | | | | | | | | | |
| Year | 20.... | 20.... | 20.... | 20.... | 20.... | 20.... | 20.... | 20.... | 20.... | 20.... |
| S | | | | | | | | | | |
| R | | | | | | | | | | |

| Name | | | | | | | | | | |
|---|---|---|---|---|---|---|---|---|---|---|
| Address | | | | | | | | | | |
| | | | | | | | | | | |
| Phone | | | | | | | | | | |
| E-mail | | | | | | | | | | |
| Year | 20.... | 20.... | 20.... | 20.... | 20.... | 20.... | 20.... | 20.... | 20.... | 20.... |
| S | | | | | | | | | | |
| R | | | | | | | | | | |

| Name | | | | | | | | | | |
|---|---|---|---|---|---|---|---|---|---|---|
| Address | | | | | | | | | | |
| | | | | | | | | | | |
| Phone | | | | | | | | | | |
| E-mail | | | | | | | | | | |
| Year | 20.... | 20.... | 20.... | 20.... | 20.... | 20.... | 20.... | 20.... | 20.... | 20.... |
| S | | | | | | | | | | |
| R | | | | | | | | | | |

| Name | | | | | | | | | | |
|---|---|---|---|---|---|---|---|---|---|---|
| Address | | | | | | | | | | |
| | | | | | | | | | | |
| Phone | | | | | | | | | | |
| E-mail | | | | | | | | | | |
| Year | 20.... | 20.... | 20.... | 20.... | 20.... | 20.... | 20.... | 20.... | 20.... | 20.... |
| S | | | | | | | | | | |
| R | | | | | | | | | | |

**B**

| Name | | | | | | | | | | | |
|---|---|---|---|---|---|---|---|---|---|---|---|
| Address | | | | | | | | | | | |
| | | | | | | | | | | | |
| Phone | | | | | | | | | | | |
| E-mail | | | | | | | | | | | |
| Year | 20..... | 20..... | 20..... | 20..... | 20..... | 20..... | 20..... | 20..... | 20..... | 20..... |
| S | | | | | | | | | | |
| R | | | | | | | | | | |

| Name | | | | | | | | | | | |
|---|---|---|---|---|---|---|---|---|---|---|---|
| Address | | | | | | | | | | | |
| | | | | | | | | | | | |
| Phone | | | | | | | | | | | |
| E-mail | | | | | | | | | | | |
| Year | 20..... | 20..... | 20..... | 20..... | 20..... | 20..... | 20..... | 20..... | 20..... | 20..... |
| S | | | | | | | | | | |
| R | | | | | | | | | | |

| Name | | | | | | | | | | | |
|---|---|---|---|---|---|---|---|---|---|---|---|
| Address | | | | | | | | | | | |
| | | | | | | | | | | | |
| Phone | | | | | | | | | | | |
| E-mail | | | | | | | | | | | |
| Year | 20..... | 20..... | 20..... | 20..... | 20..... | 20..... | 20..... | 20..... | 20..... | 20..... |
| S | | | | | | | | | | |
| R | | | | | | | | | | |

| Name | | | | | | | | | | | |
|---|---|---|---|---|---|---|---|---|---|---|---|
| Address | | | | | | | | | | | |
| | | | | | | | | | | | |
| Phone | | | | | | | | | | | |
| E-mail | | | | | | | | | | | |
| Year | 20..... | 20..... | 20..... | 20..... | 20..... | 20..... | 20..... | 20..... | 20..... | 20..... |
| S | | | | | | | | | | |
| R | | | | | | | | | | |

Name

Address

Phone

E-mail

| Year | 20..... | 20..... | 20..... | 20..... | 20..... | 20..... | 20..... | 20..... | 20..... | 20..... |
|---|---|---|---|---|---|---|---|---|---|---|
| S | | | | | | | | | | |
| R | | | | | | | | | | |

Name

Address

Phone

E-mail

| Year | 20..... | 20..... | 20..... | 20..... | 20..... | 20..... | 20..... | 20..... | 20..... | 20..... |
|---|---|---|---|---|---|---|---|---|---|---|
| S | | | | | | | | | | |
| R | | | | | | | | | | |

Name

Address

Phone

E-mail

| Year | 20..... | 20..... | 20..... | 20..... | 20..... | 20..... | 20..... | 20..... | 20..... | 20..... |
|---|---|---|---|---|---|---|---|---|---|---|
| S | | | | | | | | | | |
| R | | | | | | | | | | |

Name

Address

Phone

E-mail

| Year | 20..... | 20..... | 20..... | 20..... | 20..... | 20..... | 20..... | 20..... | 20..... | 20..... |
|---|---|---|---|---|---|---|---|---|---|---|
| S | | | | | | | | | | |
| R | | | | | | | | | | |

# B

| Name | | | | | | | | | | |
|---|---|---|---|---|---|---|---|---|---|---|
| Address | | | | | | | | | | |
| | | | | | | | | | | |
| Phone | | | | | | | | | | |
| E-mail | | | | | | | | | | |
| Year | 20.... | 20.... | 20.... | 20.... | 20.... | 20.... | 20.... | 20.... | 20.... | 20.... |
| S | | | | | | | | | | |
| R | | | | | | | | | | |

| Name | | | | | | | | | | |
|---|---|---|---|---|---|---|---|---|---|---|
| Address | | | | | | | | | | |
| | | | | | | | | | | |
| Phone | | | | | | | | | | |
| E-mail | | | | | | | | | | |
| Year | 20.... | 20.... | 20.... | 20.... | 20.... | 20.... | 20.... | 20.... | 20.... | 20.... |
| S | | | | | | | | | | |
| R | | | | | | | | | | |

| Name | | | | | | | | | | |
|---|---|---|---|---|---|---|---|---|---|---|
| Address | | | | | | | | | | |
| | | | | | | | | | | |
| Phone | | | | | | | | | | |
| E-mail | | | | | | | | | | |
| Year | 20.... | 20.... | 20.... | 20.... | 20.... | 20.... | 20.... | 20.... | 20.... | 20.... |
| S | | | | | | | | | | |
| R | | | | | | | | | | |

| Name | | | | | | | | | | |
|---|---|---|---|---|---|---|---|---|---|---|
| Address | | | | | | | | | | |
| | | | | | | | | | | |
| Phone | | | | | | | | | | |
| E-mail | | | | | | | | | | |
| Year | 20.... | 20.... | 20.... | 20.... | 20.... | 20.... | 20.... | 20.... | 20.... | 20.... |
| S | | | | | | | | | | |
| R | | | | | | | | | | |

| Name | | | | | | | | | | |
|---|---|---|---|---|---|---|---|---|---|---|
| Address | | | | | | | | | | |
| | | | | | | | | | | |
| Phone | | | | | | | | | | |
| E-mail | | | | | | | | | | |
| Year | 20..... | 20..... | 20..... | 20..... | 20..... | 20..... | 20..... | 20..... | 20..... | 20..... |
| S | | | | | | | | | | |
| R | | | | | | | | | | |

| Name | | | | | | | | | | |
|---|---|---|---|---|---|---|---|---|---|---|
| Address | | | | | | | | | | |
| | | | | | | | | | | |
| Phone | | | | | | | | | | |
| E-mail | | | | | | | | | | |
| Year | 20..... | 20..... | 20..... | 20..... | 20..... | 20..... | 20..... | 20..... | 20..... | 20..... |
| S | | | | | | | | | | |
| R | | | | | | | | | | |

| Name | | | | | | | | | | |
|---|---|---|---|---|---|---|---|---|---|---|
| Address | | | | | | | | | | |
| | | | | | | | | | | |
| Phone | | | | | | | | | | |
| E-mail | | | | | | | | | | |
| Year | 20..... | 20..... | 20..... | 20..... | 20..... | 20..... | 20..... | 20..... | 20..... | 20..... |
| S | | | | | | | | | | |
| R | | | | | | | | | | |

| Name | | | | | | | | | | |
|---|---|---|---|---|---|---|---|---|---|---|
| Address | | | | | | | | | | |
| | | | | | | | | | | |
| Phone | | | | | | | | | | |
| E-mail | | | | | | | | | | |
| Year | 20..... | 20..... | 20..... | 20..... | 20..... | 20..... | 20..... | 20..... | 20..... | 20..... |
| S | | | | | | | | | | |
| R | | | | | | | | | | |

# C

| Name |   |   |   |   |   |   |   |   |   |   |
|---|---|---|---|---|---|---|---|---|---|---|
| Address |   |   |   |   |   |   |   |   |   |   |
|   |   |   |   |   |   |   |   |   |   |   |
| Phone |   |   |   |   |   |   |   |   |   |   |
| E-mail |   |   |   |   |   |   |   |   |   |   |
| Year | 20..... | 20..... | 20..... | 20..... | 20..... | 20..... | 20..... | 20..... | 20..... | 20..... |
| S |   |   |   |   |   |   |   |   |   |   |
| R |   |   |   |   |   |   |   |   |   |   |

| Name |   |   |   |   |   |   |   |   |   |   |
|---|---|---|---|---|---|---|---|---|---|---|
| Address |   |   |   |   |   |   |   |   |   |   |
|   |   |   |   |   |   |   |   |   |   |   |
| Phone |   |   |   |   |   |   |   |   |   |   |
| E-mail |   |   |   |   |   |   |   |   |   |   |
| Year | 20..... | 20..... | 20..... | 20..... | 20..... | 20..... | 20..... | 20..... | 20..... | 20..... |
| S |   |   |   |   |   |   |   |   |   |   |
| R |   |   |   |   |   |   |   |   |   |   |

| Name |   |   |   |   |   |   |   |   |   |   |
|---|---|---|---|---|---|---|---|---|---|---|
| Address |   |   |   |   |   |   |   |   |   |   |
|   |   |   |   |   |   |   |   |   |   |   |
| Phone |   |   |   |   |   |   |   |   |   |   |
| E-mail |   |   |   |   |   |   |   |   |   |   |
| Year | 20..... | 20..... | 20..... | 20..... | 20..... | 20..... | 20..... | 20..... | 20..... | 20..... |
| S |   |   |   |   |   |   |   |   |   |   |
| R |   |   |   |   |   |   |   |   |   |   |

| Name |   |   |   |   |   |   |   |   |   |   |
|---|---|---|---|---|---|---|---|---|---|---|
| Address |   |   |   |   |   |   |   |   |   |   |
|   |   |   |   |   |   |   |   |   |   |   |
| Phone |   |   |   |   |   |   |   |   |   |   |
| E-mail |   |   |   |   |   |   |   |   |   |   |
| Year | 20..... | 20..... | 20..... | 20..... | 20..... | 20..... | 20..... | 20..... | 20..... | 20..... |
| S |   |   |   |   |   |   |   |   |   |   |
| R |   |   |   |   |   |   |   |   |   |   |

| Name | | | | | | | | | | |
|---|---|---|---|---|---|---|---|---|---|---|
| Address | | | | | | | | | | |
| | | | | | | | | | | |
| Phone | | | | | | | | | | |
| E-mail | | | | | | | | | | |
| Year | 20.... | 20.... | 20.... | 20.... | 20.... | 20.... | 20.... | 20.... | 20.... | 20.... |
| S | | | | | | | | | | |
| R | | | | | | | | | | |

| Name | | | | | | | | | | |
|---|---|---|---|---|---|---|---|---|---|---|
| Address | | | | | | | | | | |
| | | | | | | | | | | |
| Phone | | | | | | | | | | |
| E-mail | | | | | | | | | | |
| Year | 20.... | 20.... | 20.... | 20.... | 20.... | 20.... | 20.... | 20.... | 20.... | 20.... |
| S | | | | | | | | | | |
| R | | | | | | | | | | |

| Name | | | | | | | | | | |
|---|---|---|---|---|---|---|---|---|---|---|
| Address | | | | | | | | | | |
| | | | | | | | | | | |
| Phone | | | | | | | | | | |
| E-mail | | | | | | | | | | |
| Year | 20.... | 20.... | 20.... | 20.... | 20.... | 20.... | 20.... | 20.... | 20.... | 20.... |
| S | | | | | | | | | | |
| R | | | | | | | | | | |

| Name | | | | | | | | | | |
|---|---|---|---|---|---|---|---|---|---|---|
| Address | | | | | | | | | | |
| | | | | | | | | | | |
| Phone | | | | | | | | | | |
| E-mail | | | | | | | | | | |
| Year | 20.... | 20.... | 20.... | 20.... | 20.... | 20.... | 20.... | 20.... | 20.... | 20.... |
| S | | | | | | | | | | |
| R | | | | | | | | | | |

# C

| Name | | | | | | | | | | |
|---|---|---|---|---|---|---|---|---|---|---|
| Address | | | | | | | | | | |
| | | | | | | | | | | |
| Phone | | | | | | | | | | |
| E-mail | | | | | | | | | | |
| Year | 20..... | 20..... | 20..... | 20..... | 20..... | 20..... | 20..... | 20..... | 20..... | 20..... |
| S | | | | | | | | | | |
| R | | | | | | | | | | |
| Name | | | | | | | | | | |
| Address | | | | | | | | | | |
| | | | | | | | | | | |
| Phone | | | | | | | | | | |
| E-mail | | | | | | | | | | |
| Year | 20..... | 20..... | 20..... | 20..... | 20..... | 20..... | 20..... | 20..... | 20..... | 20..... |
| S | | | | | | | | | | |
| R | | | | | | | | | | |
| Name | | | | | | | | | | |
| Address | | | | | | | | | | |
| | | | | | | | | | | |
| Phone | | | | | | | | | | |
| E-mail | | | | | | | | | | |
| Year | 20..... | 20..... | 20..... | 20..... | 20..... | 20..... | 20..... | 20..... | 20..... | 20..... |
| S | | | | | | | | | | |
| R | | | | | | | | | | |
| Name | | | | | | | | | | |
| Address | | | | | | | | | | |
| | | | | | | | | | | |
| Phone | | | | | | | | | | |
| E-mail | | | | | | | | | | |
| Year | 20..... | 20..... | 20..... | 20..... | 20..... | 20..... | 20..... | 20..... | 20..... | 20..... |
| S | | | | | | | | | | |
| R | | | | | | | | | | |

| | | | | | | | | | | |
|---|---|---|---|---|---|---|---|---|---|---|
| Name | | | | | | | | | | |
| Address | | | | | | | | | | |
| | | | | | | | | | | |
| Phone | | | | | | | | | | |
| E-mail | | | | | | | | | | |
| Year | 20..... | 20..... | 20..... | 20..... | 20..... | 20..... | 20..... | 20..... | 20..... | 20..... |
| S | | | | | | | | | | |
| R | | | | | | | | | | |

| | | | | | | | | | | |
|---|---|---|---|---|---|---|---|---|---|---|
| Name | | | | | | | | | | |
| Address | | | | | | | | | | |
| | | | | | | | | | | |
| Phone | | | | | | | | | | |
| E-mail | | | | | | | | | | |
| Year | 20..... | 20..... | 20..... | 20..... | 20..... | 20..... | 20..... | 20..... | 20..... | 20..... |
| S | | | | | | | | | | |
| R | | | | | | | | | | |

| | | | | | | | | | | |
|---|---|---|---|---|---|---|---|---|---|---|
| Name | | | | | | | | | | |
| Address | | | | | | | | | | |
| | | | | | | | | | | |
| Phone | | | | | | | | | | |
| E-mail | | | | | | | | | | |
| Year | 20..... | 20..... | 20..... | 20..... | 20..... | 20..... | 20..... | 20..... | 20..... | 20..... |
| S | | | | | | | | | | |
| R | | | | | | | | | | |

| | | | | | | | | | | |
|---|---|---|---|---|---|---|---|---|---|---|
| Name | | | | | | | | | | |
| Address | | | | | | | | | | |
| | | | | | | | | | | |
| Phone | | | | | | | | | | |
| E-mail | | | | | | | | | | |
| Year | 20..... | 20..... | 20..... | 20..... | 20..... | 20..... | 20..... | 20..... | 20..... | 20..... |
| S | | | | | | | | | | |
| R | | | | | | | | | | |

**D**

| Name | | | | | | | | | | |
|---|---|---|---|---|---|---|---|---|---|---|
| Address | | | | | | | | | | |
| | | | | | | | | | | |
| Phone | | | | | | | | | | |
| E-mail | | | | | | | | | | |
| Year | 20..... | 20..... | 20..... | 20..... | 20..... | 20..... | 20..... | 20..... | 20..... | 20..... |
| S | | | | | | | | | | |
| R | | | | | | | | | | |

| Name | | | | | | | | | | |
|---|---|---|---|---|---|---|---|---|---|---|
| Address | | | | | | | | | | |
| | | | | | | | | | | |
| Phone | | | | | | | | | | |
| E-mail | | | | | | | | | | |
| Year | 20..... | 20..... | 20..... | 20..... | 20..... | 20..... | 20..... | 20..... | 20..... | 20..... |
| S | | | | | | | | | | |
| R | | | | | | | | | | |

| Name | | | | | | | | | | |
|---|---|---|---|---|---|---|---|---|---|---|
| Address | | | | | | | | | | |
| | | | | | | | | | | |
| Phone | | | | | | | | | | |
| E-mail | | | | | | | | | | |
| Year | 20..... | 20..... | 20..... | 20..... | 20..... | 20..... | 20..... | 20..... | 20..... | 20..... |
| S | | | | | | | | | | |
| R | | | | | | | | | | |

| Name | | | | | | | | | | |
|---|---|---|---|---|---|---|---|---|---|---|
| Address | | | | | | | | | | |
| | | | | | | | | | | |
| Phone | | | | | | | | | | |
| E-mail | | | | | | | | | | |
| Year | 20..... | 20..... | 20..... | 20..... | 20..... | 20..... | 20..... | 20..... | 20..... | 20..... |
| S | | | | | | | | | | |
| R | | | | | | | | | | |

| Name | | | | | | | | | | |
|---|---|---|---|---|---|---|---|---|---|---|
| Address | | | | | | | | | | |
| | | | | | | | | | | |
| Phone | | | | | | | | | | |
| E-mail | | | | | | | | | | |
| Year | 20.... | 20.... | 20.... | 20.... | 20.... | 20.... | 20.... | 20.... | 20.... | 20.... |
| S | | | | | | | | | | |
| R | | | | | | | | | | |
| Name | | | | | | | | | | |
| Address | | | | | | | | | | |
| | | | | | | | | | | |
| Phone | | | | | | | | | | |
| E-mail | | | | | | | | | | |
| Year | 20.... | 20.... | 20.... | 20.... | 20.... | 20.... | 20.... | 20.... | 20.... | 20.... |
| S | | | | | | | | | | |
| R | | | | | | | | | | |
| Name | | | | | | | | | | |
| Address | | | | | | | | | | |
| | | | | | | | | | | |
| Phone | | | | | | | | | | |
| E-mail | | | | | | | | | | |
| Year | 20.... | 20.... | 20.... | 20.... | 20.... | 20.... | 20.... | 20.... | 20.... | 20.... |
| S | | | | | | | | | | |
| R | | | | | | | | | | |
| Name | | | | | | | | | | |
| Address | | | | | | | | | | |
| | | | | | | | | | | |
| Phone | | | | | | | | | | |
| E-mail | | | | | | | | | | |
| Year | 20.... | 20.... | 20.... | 20.... | 20.... | 20.... | 20.... | 20.... | 20.... | 20.... |
| S | | | | | | | | | | |
| R | | | | | | | | | | |

**D**

| Name | | | | | | | | | | |
|---|---|---|---|---|---|---|---|---|---|---|
| Address | | | | | | | | | | |
| | | | | | | | | | | |
| Phone | | | | | | | | | | |
| E-mail | | | | | | | | | | |
| Year | 20..... | 20..... | 20..... | 20..... | 20..... | 20..... | 20..... | 20..... | 20..... | 20..... |
| S | | | | | | | | | | |
| R | | | | | | | | | | |
| Name | | | | | | | | | | |
| Address | | | | | | | | | | |
| | | | | | | | | | | |
| Phone | | | | | | | | | | |
| E-mail | | | | | | | | | | |
| Year | 20..... | 20..... | 20..... | 20..... | 20..... | 20..... | 20..... | 20..... | 20..... | 20..... |
| S | | | | | | | | | | |
| R | | | | | | | | | | |
| Name | | | | | | | | | | |
| Address | | | | | | | | | | |
| | | | | | | | | | | |
| Phone | | | | | | | | | | |
| E-mail | | | | | | | | | | |
| Year | 20..... | 20..... | 20..... | 20..... | 20..... | 20..... | 20..... | 20..... | 20..... | 20..... |
| S | | | | | | | | | | |
| R | | | | | | | | | | |
| Name | | | | | | | | | | |
| Address | | | | | | | | | | |
| | | | | | | | | | | |
| Phone | | | | | | | | | | |
| E-mail | | | | | | | | | | |
| Year | 20..... | 20..... | 20..... | 20..... | 20..... | 20..... | 20..... | 20..... | 20..... | 20..... |
| S | | | | | | | | | | |
| R | | | | | | | | | | |

Name

Address

Phone

E-mail

| Year | 20..... | 20..... | 20..... | 20..... | 20..... | 20..... | 20..... | 20..... | 20..... | 20..... |
|---|---|---|---|---|---|---|---|---|---|---|
| S | | | | | | | | | | |
| R | | | | | | | | | | |

Name

Address

Phone

E-mail

| Year | 20..... | 20..... | 20..... | 20..... | 20..... | 20..... | 20..... | 20..... | 20..... | 20..... |
|---|---|---|---|---|---|---|---|---|---|---|
| S | | | | | | | | | | |
| R | | | | | | | | | | |

Name

Address

Phone

E-mail

| Year | 20..... | 20..... | 20..... | 20..... | 20..... | 20..... | 20..... | 20..... | 20..... | 20..... |
|---|---|---|---|---|---|---|---|---|---|---|
| S | | | | | | | | | | |
| R | | | | | | | | | | |

Name

Address

Phone

E-mail

| Year | 20..... | 20..... | 20..... | 20..... | 20..... | 20..... | 20..... | 20..... | 20..... | 20..... |
|---|---|---|---|---|---|---|---|---|---|---|
| S | | | | | | | | | | |
| R | | | | | | | | | | |

**E**

| Name |  |  |  |  |  |  |  |  |  |  |
|---|---|---|---|---|---|---|---|---|---|---|
| Address |||||||||||
|  |||||||||||
| Phone |||||||||||
| E-mail |||||||||||
| Year | 20..... | 20..... | 20..... | 20..... | 20..... | 20..... | 20..... | 20..... | 20..... | 20..... |
| S |  |  |  |  |  |  |  |  |  |  |
| R |  |  |  |  |  |  |  |  |  |  |

| Name |  |  |  |  |  |  |  |  |  |  |
|---|---|---|---|---|---|---|---|---|---|---|
| Address |||||||||||
|  |||||||||||
| Phone |||||||||||
| E-mail |||||||||||
| Year | 20..... | 20..... | 20..... | 20..... | 20..... | 20..... | 20..... | 20..... | 20..... | 20..... |
| S |  |  |  |  |  |  |  |  |  |  |
| R |  |  |  |  |  |  |  |  |  |  |

| Name |  |  |  |  |  |  |  |  |  |  |
|---|---|---|---|---|---|---|---|---|---|---|
| Address |||||||||||
|  |||||||||||
| Phone |||||||||||
| E-mail |||||||||||
| Year | 20..... | 20..... | 20..... | 20..... | 20..... | 20..... | 20..... | 20..... | 20..... | 20..... |
| S |  |  |  |  |  |  |  |  |  |  |
| R |  |  |  |  |  |  |  |  |  |  |

| Name |  |  |  |  |  |  |  |  |  |  |
|---|---|---|---|---|---|---|---|---|---|---|
| Address |||||||||||
|  |||||||||||
| Phone |||||||||||
| E-mail |||||||||||
| Year | 20..... | 20..... | 20..... | 20..... | 20..... | 20..... | 20..... | 20..... | 20..... | 20..... |
| S |  |  |  |  |  |  |  |  |  |  |
| R |  |  |  |  |  |  |  |  |  |  |

| Name | | | | | | | | | | |
|---|---|---|---|---|---|---|---|---|---|---|
| Address | | | | | | | | | | |
| | | | | | | | | | | |
| Phone | | | | | | | | | | |
| E-mail | | | | | | | | | | |
| Year | 20 | 20 | 20 | 20 | 20 | 20 | 20 | 20 | 20 | 20 |
| S | | | | | | | | | | |
| R | | | | | | | | | | |

| Name | | | | | | | | | | |
|---|---|---|---|---|---|---|---|---|---|---|
| Address | | | | | | | | | | |
| | | | | | | | | | | |
| Phone | | | | | | | | | | |
| E-mail | | | | | | | | | | |
| Year | 20 | 20 | 20 | 20 | 20 | 20 | 20 | 20 | 20 | 20 |
| S | | | | | | | | | | |
| R | | | | | | | | | | |

| Name | | | | | | | | | | |
|---|---|---|---|---|---|---|---|---|---|---|
| Address | | | | | | | | | | |
| | | | | | | | | | | |
| Phone | | | | | | | | | | |
| E-mail | | | | | | | | | | |
| Year | 20 | 20 | 20 | 20 | 20 | 20 | 20 | 20 | 20 | 20 |
| S | | | | | | | | | | |
| R | | | | | | | | | | |

| Name | | | | | | | | | | |
|---|---|---|---|---|---|---|---|---|---|---|
| Address | | | | | | | | | | |
| | | | | | | | | | | |
| Phone | | | | | | | | | | |
| E-mail | | | | | | | | | | |
| Year | 20 | 20 | 20 | 20 | 20 | 20 | 20 | 20 | 20 | 20 |
| S | | | | | | | | | | |
| R | | | | | | | | | | |

Name

Address

Phone

E-mail

| Year | 20..... | 20..... | 20..... | 20..... | 20..... | 20..... | 20..... | 20..... | 20..... | 20..... |
|---|---|---|---|---|---|---|---|---|---|---|
| S | | | | | | | | | | |
| R | | | | | | | | | | |

Name

Address

Phone

E-mail

| Year | 20..... | 20..... | 20..... | 20..... | 20..... | 20..... | 20..... | 20..... | 20..... | 20..... |
|---|---|---|---|---|---|---|---|---|---|---|
| S | | | | | | | | | | |
| R | | | | | | | | | | |

Name

Address

Phone

E-mail

| Year | 20..... | 20..... | 20..... | 20..... | 20..... | 20..... | 20..... | 20..... | 20..... | 20..... |
|---|---|---|---|---|---|---|---|---|---|---|
| S | | | | | | | | | | |
| R | | | | | | | | | | |

Name

Address

Phone

E-mail

| Year | 20..... | 20..... | 20..... | 20..... | 20..... | 20..... | 20..... | 20..... | 20..... | 20..... |
|---|---|---|---|---|---|---|---|---|---|---|
| S | | | | | | | | | | |
| R | | | | | | | | | | |

| Name | | | | | | | | | | |
|---|---|---|---|---|---|---|---|---|---|---|
| Address | | | | | | | | | | |
| | | | | | | | | | | |
| Phone | | | | | | | | | | |
| E-mail | | | | | | | | | | |
| Year | 20..... | 20..... | 20..... | 20..... | 20..... | 20..... | 20..... | 20..... | 20..... | 20..... |
| S | | | | | | | | | | |
| R | | | | | | | | | | |

| Name | | | | | | | | | | |
|---|---|---|---|---|---|---|---|---|---|---|
| Address | | | | | | | | | | |
| | | | | | | | | | | |
| Phone | | | | | | | | | | |
| E-mail | | | | | | | | | | |
| Year | 20..... | 20..... | 20..... | 20..... | 20..... | 20..... | 20..... | 20..... | 20..... | 20..... |
| S | | | | | | | | | | |
| R | | | | | | | | | | |

| Name | | | | | | | | | | |
|---|---|---|---|---|---|---|---|---|---|---|
| Address | | | | | | | | | | |
| | | | | | | | | | | |
| Phone | | | | | | | | | | |
| E-mail | | | | | | | | | | |
| Year | 20..... | 20..... | 20..... | 20..... | 20..... | 20..... | 20..... | 20..... | 20..... | 20..... |
| S | | | | | | | | | | |
| R | | | | | | | | | | |

| Name | | | | | | | | | | |
|---|---|---|---|---|---|---|---|---|---|---|
| Address | | | | | | | | | | |
| | | | | | | | | | | |
| Phone | | | | | | | | | | |
| E-mail | | | | | | | | | | |
| Year | 20..... | 20..... | 20..... | 20..... | 20..... | 20..... | 20..... | 20..... | 20..... | 20..... |
| S | | | | | | | | | | |
| R | | | | | | | | | | |

**F**

| Name | | | | | | | | | | |
|---|---|---|---|---|---|---|---|---|---|---|
| Address | | | | | | | | | | |
| | | | | | | | | | | |
| Phone | | | | | | | | | | |
| E-mail | | | | | | | | | | |
| Year | 20..... | 20..... | 20..... | 20..... | 20..... | 20..... | 20..... | 20..... | 20..... | 20..... |
| S | | | | | | | | | | |
| R | | | | | | | | | | |
| Name | | | | | | | | | | |
| Address | | | | | | | | | | |
| | | | | | | | | | | |
| Phone | | | | | | | | | | |
| E-mail | | | | | | | | | | |
| Year | 20..... | 20..... | 20..... | 20..... | 20..... | 20..... | 20..... | 20..... | 20..... | 20..... |
| S | | | | | | | | | | |
| R | | | | | | | | | | |
| Name | | | | | | | | | | |
| Address | | | | | | | | | | |
| | | | | | | | | | | |
| Phone | | | | | | | | | | |
| E-mail | | | | | | | | | | |
| Year | 20..... | 20..... | 20..... | 20..... | 20..... | 20..... | 20..... | 20..... | 20..... | 20..... |
| S | | | | | | | | | | |
| R | | | | | | | | | | |
| Name | | | | | | | | | | |
| Address | | | | | | | | | | |
| | | | | | | | | | | |
| Phone | | | | | | | | | | |
| E-mail | | | | | | | | | | |
| Year | 20..... | 20..... | 20..... | 20..... | 20..... | 20..... | 20..... | 20..... | 20..... | 20..... |
| S | | | | | | | | | | |
| R | | | | | | | | | | |

| Name | | | | | | | | | | |
|---|---|---|---|---|---|---|---|---|---|---|
| Address | | | | | | | | | | |
| | | | | | | | | | | |
| Phone | | | | | | | | | | |
| E-mail | | | | | | | | | | |
| Year | 20.... | 20.... | 20.... | 20.... | 20.... | 20.... | 20.... | 20.... | 20.... | 20.... |
| S | | | | | | | | | | |
| R | | | | | | | | | | |

| Name | | | | | | | | | | |
|---|---|---|---|---|---|---|---|---|---|---|
| Address | | | | | | | | | | |
| | | | | | | | | | | |
| Phone | | | | | | | | | | |
| E-mail | | | | | | | | | | |
| Year | 20.... | 20.... | 20.... | 20.... | 20.... | 20.... | 20.... | 20.... | 20.... | 20.... |
| S | | | | | | | | | | |
| R | | | | | | | | | | |

| Name | | | | | | | | | | |
|---|---|---|---|---|---|---|---|---|---|---|
| Address | | | | | | | | | | |
| | | | | | | | | | | |
| Phone | | | | | | | | | | |
| E-mail | | | | | | | | | | |
| Year | 20.... | 20.... | 20.... | 20.... | 20.... | 20.... | 20.... | 20.... | 20.... | 20.... |
| S | | | | | | | | | | |
| R | | | | | | | | | | |

| Name | | | | | | | | | | |
|---|---|---|---|---|---|---|---|---|---|---|
| Address | | | | | | | | | | |
| | | | | | | | | | | |
| Phone | | | | | | | | | | |
| E-mail | | | | | | | | | | |
| Year | 20.... | 20.... | 20.... | 20.... | 20.... | 20.... | 20.... | 20.... | 20.... | 20.... |
| S | | | | | | | | | | |
| R | | | | | | | | | | |

**F**

| Name | | | | | | | | | | |
|---|---|---|---|---|---|---|---|---|---|---|
| Address | | | | | | | | | | |
| | | | | | | | | | | |
| Phone | | | | | | | | | | |
| E-mail | | | | | | | | | | |
| Year | 20..... | 20..... | 20..... | 20..... | 20..... | 20..... | 20..... | 20..... | 20..... | 20..... |
| S | | | | | | | | | | |
| R | | | | | | | | | | |

| Name | | | | | | | | | | |
|---|---|---|---|---|---|---|---|---|---|---|
| Address | | | | | | | | | | |
| | | | | | | | | | | |
| Phone | | | | | | | | | | |
| E-mail | | | | | | | | | | |
| Year | 20..... | 20..... | 20..... | 20..... | 20..... | 20..... | 20..... | 20..... | 20..... | 20..... |
| S | | | | | | | | | | |
| R | | | | | | | | | | |

| Name | | | | | | | | | | |
|---|---|---|---|---|---|---|---|---|---|---|
| Address | | | | | | | | | | |
| | | | | | | | | | | |
| Phone | | | | | | | | | | |
| E-mail | | | | | | | | | | |
| Year | 20..... | 20..... | 20..... | 20..... | 20..... | 20..... | 20..... | 20..... | 20..... | 20..... |
| S | | | | | | | | | | |
| R | | | | | | | | | | |

| Name | | | | | | | | | | |
|---|---|---|---|---|---|---|---|---|---|---|
| Address | | | | | | | | | | |
| | | | | | | | | | | |
| Phone | | | | | | | | | | |
| E-mail | | | | | | | | | | |
| Year | 20..... | 20..... | 20..... | 20..... | 20..... | 20..... | 20..... | 20..... | 20..... | 20..... |
| S | | | | | | | | | | |
| R | | | | | | | | | | |

| Name | | | | | | | | | | |
|---|---|---|---|---|---|---|---|---|---|---|
| Address | | | | | | | | | | |
| | | | | | | | | | | |
| Phone | | | | | | | | | | |
| E-mail | | | | | | | | | | |
| Year | 20..... | 20..... | 20..... | 20..... | 20..... | 20..... | 20..... | 20..... | 20..... | 20..... |
| S | | | | | | | | | | |
| R | | | | | | | | | | |

| Name | | | | | | | | | | |
|---|---|---|---|---|---|---|---|---|---|---|
| Address | | | | | | | | | | |
| | | | | | | | | | | |
| Phone | | | | | | | | | | |
| E-mail | | | | | | | | | | |
| Year | 20..... | 20..... | 20..... | 20..... | 20..... | 20..... | 20..... | 20..... | 20..... | 20..... |
| S | | | | | | | | | | |
| R | | | | | | | | | | |

| Name | | | | | | | | | | |
|---|---|---|---|---|---|---|---|---|---|---|
| Address | | | | | | | | | | |
| | | | | | | | | | | |
| Phone | | | | | | | | | | |
| E-mail | | | | | | | | | | |
| Year | 20..... | 20..... | 20..... | 20..... | 20..... | 20..... | 20..... | 20..... | 20..... | 20..... |
| S | | | | | | | | | | |
| R | | | | | | | | | | |

| Name | | | | | | | | | | |
|---|---|---|---|---|---|---|---|---|---|---|
| Address | | | | | | | | | | |
| | | | | | | | | | | |
| Phone | | | | | | | | | | |
| E-mail | | | | | | | | | | |
| Year | 20..... | 20..... | 20..... | 20..... | 20..... | 20..... | 20..... | 20..... | 20..... | 20..... |
| S | | | | | | | | | | |
| R | | | | | | | | | | |

# G

| Name | | | | | | | | | | |
|---|---|---|---|---|---|---|---|---|---|---|
| Address | | | | | | | | | | |
| | | | | | | | | | | |
| Phone | | | | | | | | | | |
| E-mail | | | | | | | | | | |
| Year | 20..... | 20..... | 20..... | 20..... | 20..... | 20..... | 20..... | 20..... | 20..... | 20..... |
| S | | | | | | | | | | |
| R | | | | | | | | | | |

| Name | | | | | | | | | | |
|---|---|---|---|---|---|---|---|---|---|---|
| Address | | | | | | | | | | |
| | | | | | | | | | | |
| Phone | | | | | | | | | | |
| E-mail | | | | | | | | | | |
| Year | 20..... | 20..... | 20..... | 20..... | 20..... | 20..... | 20..... | 20..... | 20..... | 20..... |
| S | | | | | | | | | | |
| R | | | | | | | | | | |

| Name | | | | | | | | | | |
|---|---|---|---|---|---|---|---|---|---|---|
| Address | | | | | | | | | | |
| | | | | | | | | | | |
| Phone | | | | | | | | | | |
| E-mail | | | | | | | | | | |
| Year | 20..... | 20..... | 20..... | 20..... | 20..... | 20..... | 20..... | 20..... | 20..... | 20..... |
| S | | | | | | | | | | |
| R | | | | | | | | | | |

| Name | | | | | | | | | | |
|---|---|---|---|---|---|---|---|---|---|---|
| Address | | | | | | | | | | |
| | | | | | | | | | | |
| Phone | | | | | | | | | | |
| E-mail | | | | | | | | | | |
| Year | 20..... | 20..... | 20..... | 20..... | 20..... | 20..... | 20..... | 20..... | 20..... | 20..... |
| S | | | | | | | | | | |
| R | | | | | | | | | | |

| Name | | | | | | | | | | |
|---|---|---|---|---|---|---|---|---|---|---|
| Address | | | | | | | | | | |
| | | | | | | | | | | |
| Phone | | | | | | | | | | |
| E-mail | | | | | | | | | | |
| Year | 20..... | 20..... | 20..... | 20..... | 20..... | 20..... | 20..... | 20..... | 20..... | 20..... |
| S | | | | | | | | | | |
| R | | | | | | | | | | |

| Name | | | | | | | | | | |
|---|---|---|---|---|---|---|---|---|---|---|
| Address | | | | | | | | | | |
| | | | | | | | | | | |
| Phone | | | | | | | | | | |
| E-mail | | | | | | | | | | |
| Year | 20..... | 20..... | 20..... | 20..... | 20..... | 20..... | 20..... | 20..... | 20..... | 20..... |
| S | | | | | | | | | | |
| R | | | | | | | | | | |

| Name | | | | | | | | | | |
|---|---|---|---|---|---|---|---|---|---|---|
| Address | | | | | | | | | | |
| | | | | | | | | | | |
| Phone | | | | | | | | | | |
| E-mail | | | | | | | | | | |
| Year | 20..... | 20..... | 20..... | 20..... | 20..... | 20..... | 20..... | 20..... | 20..... | 20..... |
| S | | | | | | | | | | |
| R | | | | | | | | | | |

| Name | | | | | | | | | | |
|---|---|---|---|---|---|---|---|---|---|---|
| Address | | | | | | | | | | |
| | | | | | | | | | | |
| Phone | | | | | | | | | | |
| E-mail | | | | | | | | | | |
| Year | 20..... | 20..... | 20..... | 20..... | 20..... | 20..... | 20..... | 20..... | 20..... | 20..... |
| S | | | | | | | | | | |
| R | | | | | | | | | | |

# G

| Name | | | | | | | | | | |
|---|---|---|---|---|---|---|---|---|---|---|
| Address | | | | | | | | | | |
| | | | | | | | | | | |
| Phone | | | | | | | | | | |
| E-mail | | | | | | | | | | |
| Year | 20.... | 20.... | 20.... | 20.... | 20.... | 20.... | 20.... | 20.... | 20.... | 20.... |
| S | | | | | | | | | | |
| R | | | | | | | | | | |

| Name | | | | | | | | | | |
|---|---|---|---|---|---|---|---|---|---|---|
| Address | | | | | | | | | | |
| | | | | | | | | | | |
| Phone | | | | | | | | | | |
| E-mail | | | | | | | | | | |
| Year | 20.... | 20.... | 20.... | 20.... | 20.... | 20.... | 20.... | 20.... | 20.... | 20.... |
| S | | | | | | | | | | |
| R | | | | | | | | | | |

| Name | | | | | | | | | | |
|---|---|---|---|---|---|---|---|---|---|---|
| Address | | | | | | | | | | |
| | | | | | | | | | | |
| Phone | | | | | | | | | | |
| E-mail | | | | | | | | | | |
| Year | 20.... | 20.... | 20.... | 20.... | 20.... | 20.... | 20.... | 20.... | 20.... | 20.... |
| S | | | | | | | | | | |
| R | | | | | | | | | | |

| Name | | | | | | | | | | |
|---|---|---|---|---|---|---|---|---|---|---|
| Address | | | | | | | | | | |
| | | | | | | | | | | |
| Phone | | | | | | | | | | |
| E-mail | | | | | | | | | | |
| Year | 20.... | 20.... | 20.... | 20.... | 20.... | 20.... | 20.... | 20.... | 20.... | 20.... |
| S | | | | | | | | | | |
| R | | | | | | | | | | |

| Name | | | | | | | | | | |
|---|---|---|---|---|---|---|---|---|---|---|
| Address | | | | | | | | | | |
| | | | | | | | | | | |
| Phone | | | | | | | | | | |
| E-mail | | | | | | | | | | |
| Year | 20.... | 20.... | 20.... | 20.... | 20.... | 20.... | 20.... | 20.... | 20.... | 20.... |
| S | | | | | | | | | | |
| R | | | | | | | | | | |

| Name | | | | | | | | | | |
|---|---|---|---|---|---|---|---|---|---|---|
| Address | | | | | | | | | | |
| | | | | | | | | | | |
| Phone | | | | | | | | | | |
| E-mail | | | | | | | | | | |
| Year | 20.... | 20.... | 20.... | 20.... | 20.... | 20.... | 20.... | 20.... | 20.... | 20.... |
| S | | | | | | | | | | |
| R | | | | | | | | | | |

| Name | | | | | | | | | | |
|---|---|---|---|---|---|---|---|---|---|---|
| Address | | | | | | | | | | |
| | | | | | | | | | | |
| Phone | | | | | | | | | | |
| E-mail | | | | | | | | | | |
| Year | 20.... | 20.... | 20.... | 20.... | 20.... | 20.... | 20.... | 20.... | 20.... | 20.... |
| S | | | | | | | | | | |
| R | | | | | | | | | | |

| Name | | | | | | | | | | |
|---|---|---|---|---|---|---|---|---|---|---|
| Address | | | | | | | | | | |
| | | | | | | | | | | |
| Phone | | | | | | | | | | |
| E-mail | | | | | | | | | | |
| Year | 20.... | 20.... | 20.... | 20.... | 20.... | 20.... | 20.... | 20.... | 20.... | 20.... |
| S | | | | | | | | | | |
| R | | | | | | | | | | |

**H**

| Name |  |  |  |  |  |  |  |  |  |  |
|---|---|---|---|---|---|---|---|---|---|---|
| Address |  |  |  |  |  |  |  |  |  |  |
|  |  |  |  |  |  |  |  |  |  |  |
| Phone |  |  |  |  |  |  |  |  |  |  |
| E-mail |  |  |  |  |  |  |  |  |  |  |
| Year | 20.... | 20.... | 20.... | 20.... | 20.... | 20.... | 20.... | 20.... | 20.... | 20.... |
| S |  |  |  |  |  |  |  |  |  |  |
| R |  |  |  |  |  |  |  |  |  |  |

| Name |  |  |  |  |  |  |  |  |  |  |
|---|---|---|---|---|---|---|---|---|---|---|
| Address |  |  |  |  |  |  |  |  |  |  |
|  |  |  |  |  |  |  |  |  |  |  |
| Phone |  |  |  |  |  |  |  |  |  |  |
| E-mail |  |  |  |  |  |  |  |  |  |  |
| Year | 20.... | 20.... | 20.... | 20.... | 20.... | 20.... | 20.... | 20.... | 20.... | 20.... |
| S |  |  |  |  |  |  |  |  |  |  |
| R |  |  |  |  |  |  |  |  |  |  |

| Name |  |  |  |  |  |  |  |  |  |  |
|---|---|---|---|---|---|---|---|---|---|---|
| Address |  |  |  |  |  |  |  |  |  |  |
|  |  |  |  |  |  |  |  |  |  |  |
| Phone |  |  |  |  |  |  |  |  |  |  |
| E-mail |  |  |  |  |  |  |  |  |  |  |
| Year | 20.... | 20.... | 20.... | 20.... | 20.... | 20.... | 20.... | 20.... | 20.... | 20.... |
| S |  |  |  |  |  |  |  |  |  |  |
| R |  |  |  |  |  |  |  |  |  |  |

| Name |  |  |  |  |  |  |  |  |  |  |
|---|---|---|---|---|---|---|---|---|---|---|
| Address |  |  |  |  |  |  |  |  |  |  |
|  |  |  |  |  |  |  |  |  |  |  |
| Phone |  |  |  |  |  |  |  |  |  |  |
| E-mail |  |  |  |  |  |  |  |  |  |  |
| Year | 20.... | 20.... | 20.... | 20.... | 20.... | 20.... | 20.... | 20.... | 20.... | 20.... |
| S |  |  |  |  |  |  |  |  |  |  |
| R |  |  |  |  |  |  |  |  |  |  |

Name

Address

Phone

E-mail

| Year | 20..... | 20..... | 20..... | 20..... | 20..... | 20..... | 20..... | 20..... | 20..... | 20..... |
|---|---|---|---|---|---|---|---|---|---|---|
| S | | | | | | | | | | |
| R | | | | | | | | | | |

Name

Address

Phone

E-mail

| Year | 20..... | 20..... | 20..... | 20..... | 20..... | 20..... | 20..... | 20..... | 20..... | 20..... |
|---|---|---|---|---|---|---|---|---|---|---|
| S | | | | | | | | | | |
| R | | | | | | | | | | |

Name

Address

Phone

E-mail

| Year | 20..... | 20..... | 20..... | 20..... | 20..... | 20..... | 20..... | 20..... | 20..... | 20..... |
|---|---|---|---|---|---|---|---|---|---|---|
| S | | | | | | | | | | |
| R | | | | | | | | | | |

Name

Address

Phone

E-mail

| Year | 20..... | 20..... | 20..... | 20..... | 20..... | 20..... | 20..... | 20..... | 20..... | 20..... |
|---|---|---|---|---|---|---|---|---|---|---|
| S | | | | | | | | | | |
| R | | | | | | | | | | |

# H

| Name | | | | | | | | | | |
|---|---|---|---|---|---|---|---|---|---|---|
| Address | | | | | | | | | | |
| | | | | | | | | | | |
| Phone | | | | | | | | | | |
| E-mail | | | | | | | | | | |
| Year | 20.... | 20.... | 20.... | 20.... | 20.... | 20.... | 20.... | 20.... | 20.... | 20.... |
| S | | | | | | | | | | |
| R | | | | | | | | | | |

| Name | | | | | | | | | | |
|---|---|---|---|---|---|---|---|---|---|---|
| Address | | | | | | | | | | |
| | | | | | | | | | | |
| Phone | | | | | | | | | | |
| E-mail | | | | | | | | | | |
| Year | 20.... | 20.... | 20.... | 20.... | 20.... | 20.... | 20.... | 20.... | 20.... | 20.... |
| S | | | | | | | | | | |
| R | | | | | | | | | | |

| Name | | | | | | | | | | |
|---|---|---|---|---|---|---|---|---|---|---|
| Address | | | | | | | | | | |
| | | | | | | | | | | |
| Phone | | | | | | | | | | |
| E-mail | | | | | | | | | | |
| Year | 20.... | 20.... | 20.... | 20.... | 20.... | 20.... | 20.... | 20.... | 20.... | 20.... |
| S | | | | | | | | | | |
| R | | | | | | | | | | |

| Name | | | | | | | | | | |
|---|---|---|---|---|---|---|---|---|---|---|
| Address | | | | | | | | | | |
| | | | | | | | | | | |
| Phone | | | | | | | | | | |
| E-mail | | | | | | | | | | |
| Year | 20.... | 20.... | 20.... | 20.... | 20.... | 20.... | 20.... | 20.... | 20.... | 20.... |
| S | | | | | | | | | | |
| R | | | | | | | | | | |

| Name | | | | | | | | | | |
|---|---|---|---|---|---|---|---|---|---|---|
| Address | | | | | | | | | | |
| | | | | | | | | | | |
| Phone | | | | | | | | | | |
| E-mail | | | | | | | | | | |
| Year | 20..... | 20..... | 20..... | 20..... | 20..... | 20..... | 20..... | 20..... | 20..... | 20..... |
| S | | | | | | | | | | |
| R | | | | | | | | | | |
| Name | | | | | | | | | | |
| Address | | | | | | | | | | |
| | | | | | | | | | | |
| Phone | | | | | | | | | | |
| E-mail | | | | | | | | | | |
| Year | 20..... | 20..... | 20..... | 20..... | 20..... | 20..... | 20..... | 20..... | 20..... | 20..... |
| S | | | | | | | | | | |
| R | | | | | | | | | | |
| Name | | | | | | | | | | |
| Address | | | | | | | | | | |
| | | | | | | | | | | |
| Phone | | | | | | | | | | |
| E-mail | | | | | | | | | | |
| Year | 20..... | 20..... | 20..... | 20..... | 20..... | 20..... | 20..... | 20..... | 20..... | 20..... |
| S | | | | | | | | | | |
| R | | | | | | | | | | |
| Name | | | | | | | | | | |
| Address | | | | | | | | | | |
| | | | | | | | | | | |
| Phone | | | | | | | | | | |
| E-mail | | | | | | | | | | |
| Year | 20..... | 20..... | 20..... | 20..... | 20..... | 20..... | 20..... | 20..... | 20..... | 20..... |
| S | | | | | | | | | | |
| R | | | | | | | | | | |

| Name | | | | | | | | | | | |
|---|---|---|---|---|---|---|---|---|---|---|---|
| Address | | | | | | | | | | | |
| | | | | | | | | | | | |
| Phone | | | | | | | | | | | |
| E-mail | | | | | | | | | | | |
| Year | 20..... | 20..... | 20..... | 20..... | 20..... | 20..... | 20..... | 20..... | 20..... | 20..... |
| S | | | | | | | | | | |
| R | | | | | | | | | | |

| Name | | | | | | | | | | | |
|---|---|---|---|---|---|---|---|---|---|---|---|
| Address | | | | | | | | | | | |
| | | | | | | | | | | | |
| Phone | | | | | | | | | | | |
| E-mail | | | | | | | | | | | |
| Year | 20..... | 20..... | 20..... | 20..... | 20..... | 20..... | 20..... | 20..... | 20..... | 20..... |
| S | | | | | | | | | | |
| R | | | | | | | | | | |

| Name | | | | | | | | | | | |
|---|---|---|---|---|---|---|---|---|---|---|---|
| Address | | | | | | | | | | | |
| | | | | | | | | | | | |
| Phone | | | | | | | | | | | |
| E-mail | | | | | | | | | | | |
| Year | 20..... | 20..... | 20..... | 20..... | 20..... | 20..... | 20..... | 20..... | 20..... | 20..... |
| S | | | | | | | | | | |
| R | | | | | | | | | | |

| Name | | | | | | | | | | | |
|---|---|---|---|---|---|---|---|---|---|---|---|
| Address | | | | | | | | | | | |
| | | | | | | | | | | | |
| Phone | | | | | | | | | | | |
| E-mail | | | | | | | | | | | |
| Year | 20..... | 20..... | 20..... | 20..... | 20..... | 20..... | 20..... | 20..... | 20..... | 20..... |
| S | | | | | | | | | | |
| R | | | | | | | | | | |

| Name | | | | | | | | | | |
|---|---|---|---|---|---|---|---|---|---|---|
| Address | | | | | | | | | | |
| | | | | | | | | | | |
| Phone | | | | | | | | | | |
| E-mail | | | | | | | | | | |
| Year | 20..... | 20..... | 20..... | 20..... | 20..... | 20..... | 20..... | 20..... | 20..... | 20..... |
| S | | | | | | | | | | |
| R | | | | | | | | | | |

| Name | | | | | | | | | | |
|---|---|---|---|---|---|---|---|---|---|---|
| Address | | | | | | | | | | |
| | | | | | | | | | | |
| Phone | | | | | | | | | | |
| E-mail | | | | | | | | | | |
| Year | 20..... | 20..... | 20..... | 20..... | 20..... | 20..... | 20..... | 20..... | 20..... | 20..... |
| S | | | | | | | | | | |
| R | | | | | | | | | | |

| Name | | | | | | | | | | |
|---|---|---|---|---|---|---|---|---|---|---|
| Address | | | | | | | | | | |
| | | | | | | | | | | |
| Phone | | | | | | | | | | |
| E-mail | | | | | | | | | | |
| Year | 20..... | 20..... | 20..... | 20..... | 20..... | 20..... | 20..... | 20..... | 20..... | 20..... |
| S | | | | | | | | | | |
| R | | | | | | | | | | |

| Name | | | | | | | | | | |
|---|---|---|---|---|---|---|---|---|---|---|
| Address | | | | | | | | | | |
| | | | | | | | | | | |
| Phone | | | | | | | | | | |
| E-mail | | | | | | | | | | |
| Year | 20..... | 20..... | 20..... | 20..... | 20..... | 20..... | 20..... | 20..... | 20..... | 20..... |
| S | | | | | | | | | | |
| R | | | | | | | | | | |

Name

Address

Phone

E-mail

| Year | 20..... | 20..... | 20..... | 20..... | 20..... | 20..... | 20..... | 20..... | 20..... | 20..... |
|---|---|---|---|---|---|---|---|---|---|---|
| S | | | | | | | | | | |
| R | | | | | | | | | | |

Name

Address

Phone

E-mail

| Year | 20..... | 20..... | 20..... | 20..... | 20..... | 20..... | 20..... | 20..... | 20..... | 20..... |
|---|---|---|---|---|---|---|---|---|---|---|
| S | | | | | | | | | | |
| R | | | | | | | | | | |

Name

Address

Phone

E-mail

| Year | 20..... | 20..... | 20..... | 20..... | 20..... | 20..... | 20..... | 20..... | 20..... | 20..... |
|---|---|---|---|---|---|---|---|---|---|---|
| S | | | | | | | | | | |
| R | | | | | | | | | | |

Name

Address

Phone

E-mail

| Year | 20..... | 20..... | 20..... | 20..... | 20..... | 20..... | 20..... | 20..... | 20..... | 20..... |
|---|---|---|---|---|---|---|---|---|---|---|
| S | | | | | | | | | | |
| R | | | | | | | | | | |

| Name | | | | | | | | | | |
|---|---|---|---|---|---|---|---|---|---|---|
| Address | | | | | | | | | | |
| | | | | | | | | | | |
| Phone | | | | | | | | | | |
| E-mail | | | | | | | | | | |
| Year | 20..... | 20..... | 20..... | 20..... | 20..... | 20..... | 20..... | 20..... | 20..... | 20..... |
| S | | | | | | | | | | |
| R | | | | | | | | | | |

| Name | | | | | | | | | | |
|---|---|---|---|---|---|---|---|---|---|---|
| Address | | | | | | | | | | |
| | | | | | | | | | | |
| Phone | | | | | | | | | | |
| E-mail | | | | | | | | | | |
| Year | 20..... | 20..... | 20..... | 20..... | 20..... | 20..... | 20..... | 20..... | 20..... | 20..... |
| S | | | | | | | | | | |
| R | | | | | | | | | | |

| Name | | | | | | | | | | |
|---|---|---|---|---|---|---|---|---|---|---|
| Address | | | | | | | | | | |
| | | | | | | | | | | |
| Phone | | | | | | | | | | |
| E-mail | | | | | | | | | | |
| Year | 20..... | 20..... | 20..... | 20..... | 20..... | 20..... | 20..... | 20..... | 20..... | 20..... |
| S | | | | | | | | | | |
| R | | | | | | | | | | |

| Name | | | | | | | | | | |
|---|---|---|---|---|---|---|---|---|---|---|
| Address | | | | | | | | | | |
| | | | | | | | | | | |
| Phone | | | | | | | | | | |
| E-mail | | | | | | | | | | |
| Year | 20..... | 20..... | 20..... | 20..... | 20..... | 20..... | 20..... | 20..... | 20..... | 20..... |
| S | | | | | | | | | | |
| R | | | | | | | | | | |

# J

| Name | | | | | | | | | | |
|---|---|---|---|---|---|---|---|---|---|---|
| Address | | | | | | | | | | |
| | | | | | | | | | | |
| Phone | | | | | | | | | | |
| E-mail | | | | | | | | | | |
| Year | 20..... | 20..... | 20..... | 20..... | 20..... | 20..... | 20..... | 20..... | 20..... | 20..... |
| S | | | | | | | | | | |
| R | | | | | | | | | | |
| Name | | | | | | | | | | |
| Address | | | | | | | | | | |
| | | | | | | | | | | |
| Phone | | | | | | | | | | |
| E-mail | | | | | | | | | | |
| Year | 20..... | 20..... | 20..... | 20..... | 20..... | 20..... | 20..... | 20..... | 20..... | 20..... |
| S | | | | | | | | | | |
| R | | | | | | | | | | |
| Name | | | | | | | | | | |
| Address | | | | | | | | | | |
| | | | | | | | | | | |
| Phone | | | | | | | | | | |
| E-mail | | | | | | | | | | |
| Year | 20..... | 20..... | 20..... | 20..... | 20..... | 20..... | 20..... | 20..... | 20..... | 20..... |
| S | | | | | | | | | | |
| R | | | | | | | | | | |
| Name | | | | | | | | | | |
| Address | | | | | | | | | | |
| | | | | | | | | | | |
| Phone | | | | | | | | | | |
| E-mail | | | | | | | | | | |
| Year | 20..... | 20..... | 20..... | 20..... | 20..... | 20..... | 20..... | 20..... | 20..... | 20..... |
| S | | | | | | | | | | |
| R | | | | | | | | | | |

| Name | | | | | | | | | | |
|---|---|---|---|---|---|---|---|---|---|---|
| Address | | | | | | | | | | |
| | | | | | | | | | | |
| Phone | | | | | | | | | | |
| E-mail | | | | | | | | | | |
| Year | 20..... | 20..... | 20..... | 20..... | 20..... | 20..... | 20..... | 20..... | 20..... | 20..... |
| S | | | | | | | | | | |
| R | | | | | | | | | | |

| Name | | | | | | | | | | |
|---|---|---|---|---|---|---|---|---|---|---|
| Address | | | | | | | | | | |
| | | | | | | | | | | |
| Phone | | | | | | | | | | |
| E-mail | | | | | | | | | | |
| Year | 20..... | 20..... | 20..... | 20..... | 20..... | 20..... | 20..... | 20..... | 20..... | 20..... |
| S | | | | | | | | | | |
| R | | | | | | | | | | |

| Name | | | | | | | | | | |
|---|---|---|---|---|---|---|---|---|---|---|
| Address | | | | | | | | | | |
| | | | | | | | | | | |
| Phone | | | | | | | | | | |
| E-mail | | | | | | | | | | |
| Year | 20..... | 20..... | 20..... | 20..... | 20..... | 20..... | 20..... | 20..... | 20..... | 20..... |
| S | | | | | | | | | | |
| R | | | | | | | | | | |

| Name | | | | | | | | | | |
|---|---|---|---|---|---|---|---|---|---|---|
| Address | | | | | | | | | | |
| | | | | | | | | | | |
| Phone | | | | | | | | | | |
| E-mail | | | | | | | | | | |
| Year | 20..... | 20..... | 20..... | 20..... | 20..... | 20..... | 20..... | 20..... | 20..... | 20..... |
| S | | | | | | | | | | |
| R | | | | | | | | | | |

**J**

| Name | | | | | | | | | | |
|---|---|---|---|---|---|---|---|---|---|---|
| Address | | | | | | | | | | |
| | | | | | | | | | | |
| Phone | | | | | | | | | | |
| E-mail | | | | | | | | | | |
| Year | 20..... | 20..... | 20..... | 20..... | 20..... | 20..... | 20..... | 20..... | 20..... | 20..... |
| S | | | | | | | | | | |
| R | | | | | | | | | | |

| Name | | | | | | | | | | |
|---|---|---|---|---|---|---|---|---|---|---|
| Address | | | | | | | | | | |
| | | | | | | | | | | |
| Phone | | | | | | | | | | |
| E-mail | | | | | | | | | | |
| Year | 20..... | 20..... | 20..... | 20..... | 20..... | 20..... | 20..... | 20..... | 20..... | 20..... |
| S | | | | | | | | | | |
| R | | | | | | | | | | |

| Name | | | | | | | | | | |
|---|---|---|---|---|---|---|---|---|---|---|
| Address | | | | | | | | | | |
| | | | | | | | | | | |
| Phone | | | | | | | | | | |
| E-mail | | | | | | | | | | |
| Year | 20..... | 20..... | 20..... | 20..... | 20..... | 20..... | 20..... | 20..... | 20..... | 20..... |
| S | | | | | | | | | | |
| R | | | | | | | | | | |

| Name | | | | | | | | | | |
|---|---|---|---|---|---|---|---|---|---|---|
| Address | | | | | | | | | | |
| | | | | | | | | | | |
| Phone | | | | | | | | | | |
| E-mail | | | | | | | | | | |
| Year | 20..... | 20..... | 20..... | 20..... | 20..... | 20..... | 20..... | 20..... | 20..... | 20..... |
| S | | | | | | | | | | |
| R | | | | | | | | | | |

| Name | | | | | | | | | | |
|---|---|---|---|---|---|---|---|---|---|---|
| Address | | | | | | | | | | |
| | | | | | | | | | | |
| Phone | | | | | | | | | | |
| E-mail | | | | | | | | | | |
| Year | 20..... | 20..... | 20..... | 20..... | 20..... | 20..... | 20..... | 20..... | 20..... | 20..... |
| S | | | | | | | | | | |
| R | | | | | | | | | | |
| Name | | | | | | | | | | |
| Address | | | | | | | | | | |
| | | | | | | | | | | |
| Phone | | | | | | | | | | |
| E-mail | | | | | | | | | | |
| Year | 20..... | 20..... | 20..... | 20..... | 20..... | 20..... | 20..... | 20..... | 20..... | 20..... |
| S | | | | | | | | | | |
| R | | | | | | | | | | |
| Name | | | | | | | | | | |
| Address | | | | | | | | | | |
| | | | | | | | | | | |
| Phone | | | | | | | | | | |
| E-mail | | | | | | | | | | |
| Year | 20..... | 20..... | 20..... | 20..... | 20..... | 20..... | 20..... | 20..... | 20..... | 20..... |
| S | | | | | | | | | | |
| R | | | | | | | | | | |
| Name | | | | | | | | | | |
| Address | | | | | | | | | | |
| | | | | | | | | | | |
| Phone | | | | | | | | | | |
| E-mail | | | | | | | | | | |
| Year | 20..... | 20..... | 20..... | 20..... | 20..... | 20..... | 20..... | 20..... | 20..... | 20..... |
| S | | | | | | | | | | |
| R | | | | | | | | | | |

**K**

| Name | | | | | | | | | | | |
|---|---|---|---|---|---|---|---|---|---|---|---|
| Address | | | | | | | | | | | |
| | | | | | | | | | | | |
| Phone | | | | | | | | | | | |
| E-mail | | | | | | | | | | | |
| Year | 20..... | 20..... | 20..... | 20..... | 20..... | 20..... | 20..... | 20..... | 20..... | 20..... |
| S | | | | | | | | | | |
| R | | | | | | | | | | |

| Name | | | | | | | | | | | |
|---|---|---|---|---|---|---|---|---|---|---|---|
| Address | | | | | | | | | | | |
| | | | | | | | | | | | |
| Phone | | | | | | | | | | | |
| E-mail | | | | | | | | | | | |
| Year | 20..... | 20..... | 20..... | 20..... | 20..... | 20..... | 20..... | 20..... | 20..... | 20..... |
| S | | | | | | | | | | |
| R | | | | | | | | | | |

| Name | | | | | | | | | | | |
|---|---|---|---|---|---|---|---|---|---|---|---|
| Address | | | | | | | | | | | |
| | | | | | | | | | | | |
| Phone | | | | | | | | | | | |
| E-mail | | | | | | | | | | | |
| Year | 20..... | 20..... | 20..... | 20..... | 20..... | 20..... | 20..... | 20..... | 20..... | 20..... |
| S | | | | | | | | | | |
| R | | | | | | | | | | |

| Name | | | | | | | | | | | |
|---|---|---|---|---|---|---|---|---|---|---|---|
| Address | | | | | | | | | | | |
| | | | | | | | | | | | |
| Phone | | | | | | | | | | | |
| E-mail | | | | | | | | | | | |
| Year | 20..... | 20..... | 20..... | 20..... | 20..... | 20..... | 20..... | 20..... | 20..... | 20..... |
| S | | | | | | | | | | |
| R | | | | | | | | | | |

| Name | | | | | | | | | | | |
|---|---|---|---|---|---|---|---|---|---|---|---|
| Address | | | | | | | | | | | |
| | | | | | | | | | | | |
| Phone | | | | | | | | | | | |
| E-mail | | | | | | | | | | | |
| Year | 20..... | 20..... | 20..... | 20..... | 20..... | 20..... | 20..... | 20..... | 20..... | 20..... |
| S | | | | | | | | | | |
| R | | | | | | | | | | |

| Name | | | | | | | | | | | |
|---|---|---|---|---|---|---|---|---|---|---|---|
| Address | | | | | | | | | | | |
| | | | | | | | | | | | |
| Phone | | | | | | | | | | | |
| E-mail | | | | | | | | | | | |
| Year | 20..... | 20..... | 20..... | 20..... | 20..... | 20..... | 20..... | 20..... | 20..... | 20..... |
| S | | | | | | | | | | |
| R | | | | | | | | | | |

| Name | | | | | | | | | | | |
|---|---|---|---|---|---|---|---|---|---|---|---|
| Address | | | | | | | | | | | |
| | | | | | | | | | | | |
| Phone | | | | | | | | | | | |
| E-mail | | | | | | | | | | | |
| Year | 20..... | 20..... | 20..... | 20..... | 20..... | 20..... | 20..... | 20..... | 20..... | 20..... |
| S | | | | | | | | | | |
| R | | | | | | | | | | |

| Name | | | | | | | | | | | |
|---|---|---|---|---|---|---|---|---|---|---|---|
| Address | | | | | | | | | | | |
| | | | | | | | | | | | |
| Phone | | | | | | | | | | | |
| E-mail | | | | | | | | | | | |
| Year | 20..... | 20..... | 20..... | 20..... | 20..... | 20..... | 20..... | 20..... | 20..... | 20..... |
| S | | | | | | | | | | |
| R | | | | | | | | | | |

**K**

| Name | | | | | | | | | | |
|---|---|---|---|---|---|---|---|---|---|---|
| Address | | | | | | | | | | |
| | | | | | | | | | | |
| Phone | | | | | | | | | | |
| E-mail | | | | | | | | | | |
| Year | 20..... | 20..... | 20..... | 20..... | 20..... | 20..... | 20..... | 20..... | 20..... | 20..... |
| S | | | | | | | | | | |
| R | | | | | | | | | | |

| Name | | | | | | | | | | |
|---|---|---|---|---|---|---|---|---|---|---|
| Address | | | | | | | | | | |
| | | | | | | | | | | |
| Phone | | | | | | | | | | |
| E-mail | | | | | | | | | | |
| Year | 20..... | 20..... | 20..... | 20..... | 20..... | 20..... | 20..... | 20..... | 20..... | 20..... |
| S | | | | | | | | | | |
| R | | | | | | | | | | |

| Name | | | | | | | | | | |
|---|---|---|---|---|---|---|---|---|---|---|
| Address | | | | | | | | | | |
| | | | | | | | | | | |
| Phone | | | | | | | | | | |
| E-mail | | | | | | | | | | |
| Year | 20..... | 20..... | 20..... | 20..... | 20..... | 20..... | 20..... | 20..... | 20..... | 20..... |
| S | | | | | | | | | | |
| R | | | | | | | | | | |

| Name | | | | | | | | | | |
|---|---|---|---|---|---|---|---|---|---|---|
| Address | | | | | | | | | | |
| | | | | | | | | | | |
| Phone | | | | | | | | | | |
| E-mail | | | | | | | | | | |
| Year | 20..... | 20..... | 20..... | 20..... | 20..... | 20..... | 20..... | 20..... | 20..... | 20..... |
| S | | | | | | | | | | |
| R | | | | | | | | | | |

| Name | | | | | | | | | | |
|---|---|---|---|---|---|---|---|---|---|---|
| Address | | | | | | | | | | |
| | | | | | | | | | | |
| Phone | | | | | | | | | | |
| E-mail | | | | | | | | | | |
| Year | 20..... | 20..... | 20..... | 20..... | 20..... | 20..... | 20..... | 20..... | 20..... | 20..... |
| S | | | | | | | | | | |
| R | | | | | | | | | | |

| Name | | | | | | | | | | |
|---|---|---|---|---|---|---|---|---|---|---|
| Address | | | | | | | | | | |
| | | | | | | | | | | |
| Phone | | | | | | | | | | |
| E-mail | | | | | | | | | | |
| Year | 20..... | 20..... | 20..... | 20..... | 20..... | 20..... | 20..... | 20..... | 20..... | 20..... |
| S | | | | | | | | | | |
| R | | | | | | | | | | |

| Name | | | | | | | | | | |
|---|---|---|---|---|---|---|---|---|---|---|
| Address | | | | | | | | | | |
| | | | | | | | | | | |
| Phone | | | | | | | | | | |
| E-mail | | | | | | | | | | |
| Year | 20..... | 20..... | 20..... | 20..... | 20..... | 20..... | 20..... | 20..... | 20..... | 20..... |
| S | | | | | | | | | | |
| R | | | | | | | | | | |

| Name | | | | | | | | | | |
|---|---|---|---|---|---|---|---|---|---|---|
| Address | | | | | | | | | | |
| | | | | | | | | | | |
| Phone | | | | | | | | | | |
| E-mail | | | | | | | | | | |
| Year | 20..... | 20..... | 20..... | 20..... | 20..... | 20..... | 20..... | 20..... | 20..... | 20..... |
| S | | | | | | | | | | |
| R | | | | | | | | | | |

L

Name

Address

Phone

E-mail

| Year | 20..... | 20..... | 20..... | 20..... | 20..... | 20..... | 20..... | 20..... | 20..... | 20..... |
|---|---|---|---|---|---|---|---|---|---|---|
| S | | | | | | | | | | |
| R | | | | | | | | | | |

Name

Address

Phone

E-mail

| Year | 20..... | 20..... | 20..... | 20..... | 20..... | 20..... | 20..... | 20..... | 20..... | 20..... |
|---|---|---|---|---|---|---|---|---|---|---|
| S | | | | | | | | | | |
| R | | | | | | | | | | |

Name

Address

Phone

E-mail

| Year | 20..... | 20..... | 20..... | 20..... | 20..... | 20..... | 20..... | 20..... | 20..... | 20..... |
|---|---|---|---|---|---|---|---|---|---|---|
| S | | | | | | | | | | |
| R | | | | | | | | | | |

Name

Address

Phone

E-mail

| Year | 20..... | 20..... | 20..... | 20..... | 20..... | 20..... | 20..... | 20..... | 20..... | 20..... |
|---|---|---|---|---|---|---|---|---|---|---|
| S | | | | | | | | | | |
| R | | | | | | | | | | |

| Name | | | | | | | | | | |
|---|---|---|---|---|---|---|---|---|---|---|
| Address | | | | | | | | | | |
| | | | | | | | | | | |
| Phone | | | | | | | | | | |
| E-mail | | | | | | | | | | |
| Year | 20..... | 20..... | 20..... | 20..... | 20..... | 20..... | 20..... | 20..... | 20..... | 20..... |
| S | | | | | | | | | | |
| R | | | | | | | | | | |

| Name | | | | | | | | | | |
|---|---|---|---|---|---|---|---|---|---|---|
| Address | | | | | | | | | | |
| | | | | | | | | | | |
| Phone | | | | | | | | | | |
| E-mail | | | | | | | | | | |
| Year | 20..... | 20..... | 20..... | 20..... | 20..... | 20..... | 20..... | 20..... | 20..... | 20..... |
| S | | | | | | | | | | |
| R | | | | | | | | | | |

| Name | | | | | | | | | | |
|---|---|---|---|---|---|---|---|---|---|---|
| Address | | | | | | | | | | |
| | | | | | | | | | | |
| Phone | | | | | | | | | | |
| E-mail | | | | | | | | | | |
| Year | 20..... | 20..... | 20..... | 20..... | 20..... | 20..... | 20..... | 20..... | 20..... | 20..... |
| S | | | | | | | | | | |
| R | | | | | | | | | | |

| Name | | | | | | | | | | |
|---|---|---|---|---|---|---|---|---|---|---|
| Address | | | | | | | | | | |
| | | | | | | | | | | |
| Phone | | | | | | | | | | |
| E-mail | | | | | | | | | | |
| Year | 20..... | 20..... | 20..... | 20..... | 20..... | 20..... | 20..... | 20..... | 20..... | 20..... |
| S | | | | | | | | | | |
| R | | | | | | | | | | |

**L**

| Name | | | | | | | | | | |
|---|---|---|---|---|---|---|---|---|---|---|
| Address | | | | | | | | | | |
| | | | | | | | | | | |
| Phone | | | | | | | | | | |
| E-mail | | | | | | | | | | |
| Year | 20..... | 20..... | 20..... | 20..... | 20..... | 20..... | 20..... | 20..... | 20..... | 20..... |
| S | | | | | | | | | | |
| R | | | | | | | | | | |

| Name | | | | | | | | | | |
|---|---|---|---|---|---|---|---|---|---|---|
| Address | | | | | | | | | | |
| | | | | | | | | | | |
| Phone | | | | | | | | | | |
| E-mail | | | | | | | | | | |
| Year | 20..... | 20..... | 20..... | 20..... | 20..... | 20..... | 20..... | 20..... | 20..... | 20..... |
| S | | | | | | | | | | |
| R | | | | | | | | | | |

| Name | | | | | | | | | | |
|---|---|---|---|---|---|---|---|---|---|---|
| Address | | | | | | | | | | |
| | | | | | | | | | | |
| Phone | | | | | | | | | | |
| E-mail | | | | | | | | | | |
| Year | 20..... | 20..... | 20..... | 20..... | 20..... | 20..... | 20..... | 20..... | 20..... | 20..... |
| S | | | | | | | | | | |
| R | | | | | | | | | | |

| Name | | | | | | | | | | |
|---|---|---|---|---|---|---|---|---|---|---|
| Address | | | | | | | | | | |
| | | | | | | | | | | |
| Phone | | | | | | | | | | |
| E-mail | | | | | | | | | | |
| Year | 20..... | 20..... | 20..... | 20..... | 20..... | 20..... | 20..... | 20..... | 20..... | 20..... |
| S | | | | | | | | | | |
| R | | | | | | | | | | |

| Name | | | | | | | | | | |
|---|---|---|---|---|---|---|---|---|---|---|
| Address | | | | | | | | | | |
| | | | | | | | | | | |
| Phone | | | | | | | | | | |
| E-mail | | | | | | | | | | |
| Year | 20..... | 20..... | 20..... | 20..... | 20..... | 20..... | 20..... | 20..... | 20..... | 20..... |
| S | | | | | | | | | | |
| R | | | | | | | | | | |

| Name | | | | | | | | | | |
|---|---|---|---|---|---|---|---|---|---|---|
| Address | | | | | | | | | | |
| | | | | | | | | | | |
| Phone | | | | | | | | | | |
| E-mail | | | | | | | | | | |
| Year | 20..... | 20..... | 20..... | 20..... | 20..... | 20..... | 20..... | 20..... | 20..... | 20..... |
| S | | | | | | | | | | |
| R | | | | | | | | | | |

| Name | | | | | | | | | | |
|---|---|---|---|---|---|---|---|---|---|---|
| Address | | | | | | | | | | |
| | | | | | | | | | | |
| Phone | | | | | | | | | | |
| E-mail | | | | | | | | | | |
| Year | 20..... | 20..... | 20..... | 20..... | 20..... | 20..... | 20..... | 20..... | 20..... | 20..... |
| S | | | | | | | | | | |
| R | | | | | | | | | | |

| Name | | | | | | | | | | |
|---|---|---|---|---|---|---|---|---|---|---|
| Address | | | | | | | | | | |
| | | | | | | | | | | |
| Phone | | | | | | | | | | |
| E-mail | | | | | | | | | | |
| Year | 20..... | 20..... | 20..... | 20..... | 20..... | 20..... | 20..... | 20..... | 20..... | 20..... |
| S | | | | | | | | | | |
| R | | | | | | | | | | |

# M

| Name | | | | | | | | | | |
|---|---|---|---|---|---|---|---|---|---|---|
| Address | | | | | | | | | | |
| | | | | | | | | | | |
| Phone | | | | | | | | | | |
| E-mail | | | | | | | | | | |
| Year | 20..... | 20..... | 20..... | 20..... | 20..... | 20..... | 20..... | 20..... | 20..... | 20..... |
| S | | | | | | | | | | |
| R | | | | | | | | | | |

| Name | | | | | | | | | | |
|---|---|---|---|---|---|---|---|---|---|---|
| Address | | | | | | | | | | |
| | | | | | | | | | | |
| Phone | | | | | | | | | | |
| E-mail | | | | | | | | | | |
| Year | 20..... | 20..... | 20..... | 20..... | 20..... | 20..... | 20..... | 20..... | 20..... | 20..... |
| S | | | | | | | | | | |
| R | | | | | | | | | | |

| Name | | | | | | | | | | |
|---|---|---|---|---|---|---|---|---|---|---|
| Address | | | | | | | | | | |
| | | | | | | | | | | |
| Phone | | | | | | | | | | |
| E-mail | | | | | | | | | | |
| Year | 20..... | 20..... | 20..... | 20..... | 20..... | 20..... | 20..... | 20..... | 20..... | 20..... |
| S | | | | | | | | | | |
| R | | | | | | | | | | |

| Name | | | | | | | | | | |
|---|---|---|---|---|---|---|---|---|---|---|
| Address | | | | | | | | | | |
| | | | | | | | | | | |
| Phone | | | | | | | | | | |
| E-mail | | | | | | | | | | |
| Year | 20..... | 20..... | 20..... | 20..... | 20..... | 20..... | 20..... | 20..... | 20..... | 20..... |
| S | | | | | | | | | | |
| R | | | | | | | | | | |

| Name | | | | | | | | | | |
|---|---|---|---|---|---|---|---|---|---|---|
| Address | | | | | | | | | | |
| | | | | | | | | | | |
| Phone | | | | | | | | | | |
| E-mail | | | | | | | | | | |
| Year | 20..... | 20..... | 20..... | 20..... | 20..... | 20..... | 20..... | 20..... | 20..... | 20..... |
| S | | | | | | | | | | |
| R | | | | | | | | | | |

| Name | | | | | | | | | | |
|---|---|---|---|---|---|---|---|---|---|---|
| Address | | | | | | | | | | |
| | | | | | | | | | | |
| Phone | | | | | | | | | | |
| E-mail | | | | | | | | | | |
| Year | 20..... | 20..... | 20..... | 20..... | 20..... | 20..... | 20..... | 20..... | 20..... | 20..... |
| S | | | | | | | | | | |
| R | | | | | | | | | | |

| Name | | | | | | | | | | |
|---|---|---|---|---|---|---|---|---|---|---|
| Address | | | | | | | | | | |
| | | | | | | | | | | |
| Phone | | | | | | | | | | |
| E-mail | | | | | | | | | | |
| Year | 20..... | 20..... | 20..... | 20..... | 20..... | 20..... | 20..... | 20..... | 20..... | 20..... |
| S | | | | | | | | | | |
| R | | | | | | | | | | |

| Name | | | | | | | | | | |
|---|---|---|---|---|---|---|---|---|---|---|
| Address | | | | | | | | | | |
| | | | | | | | | | | |
| Phone | | | | | | | | | | |
| E-mail | | | | | | | | | | |
| Year | 20..... | 20..... | 20..... | 20..... | 20..... | 20..... | 20..... | 20..... | 20..... | 20..... |
| S | | | | | | | | | | |
| R | | | | | | | | | | |

**M**

| Name |
|---|
| Address |
| |
| Phone |
| E-mail |

| Year | 20.... | 20.... | 20.... | 20.... | 20.... | 20.... | 20.... | 20.... | 20.... | 20.... |
|---|---|---|---|---|---|---|---|---|---|---|
| S | | | | | | | | | | |
| R | | | | | | | | | | |

| Name |
|---|
| Address |
| |
| Phone |
| E-mail |

| Year | 20.... | 20.... | 20.... | 20.... | 20.... | 20.... | 20.... | 20.... | 20.... | 20.... |
|---|---|---|---|---|---|---|---|---|---|---|
| S | | | | | | | | | | |
| R | | | | | | | | | | |

| Name |
|---|
| Address |
| |
| Phone |
| E-mail |

| Year | 20.... | 20.... | 20.... | 20.... | 20.... | 20.... | 20.... | 20.... | 20.... | 20.... |
|---|---|---|---|---|---|---|---|---|---|---|
| S | | | | | | | | | | |
| R | | | | | | | | | | |

| Name |
|---|
| Address |
| |
| Phone |
| E-mail |

| Year | 20.... | 20.... | 20.... | 20.... | 20.... | 20.... | 20.... | 20.... | 20.... | 20.... |
|---|---|---|---|---|---|---|---|---|---|---|
| S | | | | | | | | | | |
| R | | | | | | | | | | |

| Name | | | | | | | | | | |
|---|---|---|---|---|---|---|---|---|---|---|
| Address | | | | | | | | | | |
| | | | | | | | | | | |
| Phone | | | | | | | | | | |
| E-mail | | | | | | | | | | |
| Year | 20..... | 20..... | 20..... | 20..... | 20..... | 20..... | 20..... | 20..... | 20..... | 20..... |
| S | | | | | | | | | | |
| R | | | | | | | | | | |

| Name | | | | | | | | | | |
|---|---|---|---|---|---|---|---|---|---|---|
| Address | | | | | | | | | | |
| | | | | | | | | | | |
| Phone | | | | | | | | | | |
| E-mail | | | | | | | | | | |
| Year | 20..... | 20..... | 20..... | 20..... | 20..... | 20..... | 20..... | 20..... | 20..... | 20..... |
| S | | | | | | | | | | |
| R | | | | | | | | | | |

| Name | | | | | | | | | | |
|---|---|---|---|---|---|---|---|---|---|---|
| Address | | | | | | | | | | |
| | | | | | | | | | | |
| Phone | | | | | | | | | | |
| E-mail | | | | | | | | | | |
| Year | 20..... | 20..... | 20..... | 20..... | 20..... | 20..... | 20..... | 20..... | 20..... | 20..... |
| S | | | | | | | | | | |
| R | | | | | | | | | | |

| Name | | | | | | | | | | |
|---|---|---|---|---|---|---|---|---|---|---|
| Address | | | | | | | | | | |
| | | | | | | | | | | |
| Phone | | | | | | | | | | |
| E-mail | | | | | | | | | | |
| Year | 20..... | 20..... | 20..... | 20..... | 20..... | 20..... | 20..... | 20..... | 20..... | 20..... |
| S | | | | | | | | | | |
| R | | | | | | | | | | |

**N**

| Name |  |  |  |  |  |  |  |  |  |  |
|---|---|---|---|---|---|---|---|---|---|---|
| Address |  |  |  |  |  |  |  |  |  |  |
|  |  |  |  |  |  |  |  |  |  |  |
| Phone |  |  |  |  |  |  |  |  |  |  |
| E-mail |  |  |  |  |  |  |  |  |  |  |
| Year | 20.... | 20.... | 20.... | 20.... | 20.... | 20.... | 20.... | 20.... | 20.... | 20.... |
| S |  |  |  |  |  |  |  |  |  |  |
| R |  |  |  |  |  |  |  |  |  |  |

| Name |  |  |  |  |  |  |  |  |  |  |
|---|---|---|---|---|---|---|---|---|---|---|
| Address |  |  |  |  |  |  |  |  |  |  |
|  |  |  |  |  |  |  |  |  |  |  |
| Phone |  |  |  |  |  |  |  |  |  |  |
| E-mail |  |  |  |  |  |  |  |  |  |  |
| Year | 20.... | 20.... | 20.... | 20.... | 20.... | 20.... | 20.... | 20.... | 20.... | 20.... |
| S |  |  |  |  |  |  |  |  |  |  |
| R |  |  |  |  |  |  |  |  |  |  |

| Name |  |  |  |  |  |  |  |  |  |  |
|---|---|---|---|---|---|---|---|---|---|---|
| Address |  |  |  |  |  |  |  |  |  |  |
|  |  |  |  |  |  |  |  |  |  |  |
| Phone |  |  |  |  |  |  |  |  |  |  |
| E-mail |  |  |  |  |  |  |  |  |  |  |
| Year | 20.... | 20.... | 20.... | 20.... | 20.... | 20.... | 20.... | 20.... | 20.... | 20.... |
| S |  |  |  |  |  |  |  |  |  |  |
| R |  |  |  |  |  |  |  |  |  |  |

| Name |  |  |  |  |  |  |  |  |  |  |
|---|---|---|---|---|---|---|---|---|---|---|
| Address |  |  |  |  |  |  |  |  |  |  |
|  |  |  |  |  |  |  |  |  |  |  |
| Phone |  |  |  |  |  |  |  |  |  |  |
| E-mail |  |  |  |  |  |  |  |  |  |  |
| Year | 20.... | 20.... | 20.... | 20.... | 20.... | 20.... | 20.... | 20.... | 20.... | 20.... |
| S |  |  |  |  |  |  |  |  |  |  |
| R |  |  |  |  |  |  |  |  |  |  |

| Name | | | | | | | | | | | |
|---|---|---|---|---|---|---|---|---|---|---|---|
| Address | | | | | | | | | | | |
| | | | | | | | | | | | |
| Phone | | | | | | | | | | | |
| E-mail | | | | | | | | | | | |
| Year | 20..... | 20..... | 20..... | 20..... | 20..... | 20..... | 20..... | 20..... | 20..... | 20..... |
| S | | | | | | | | | | |
| R | | | | | | | | | | |

| Name | | | | | | | | | | | |
|---|---|---|---|---|---|---|---|---|---|---|---|
| Address | | | | | | | | | | | |
| | | | | | | | | | | | |
| Phone | | | | | | | | | | | |
| E-mail | | | | | | | | | | | |
| Year | 20..... | 20..... | 20..... | 20..... | 20..... | 20..... | 20..... | 20..... | 20..... | 20..... |
| S | | | | | | | | | | |
| R | | | | | | | | | | |

| Name | | | | | | | | | | | |
|---|---|---|---|---|---|---|---|---|---|---|---|
| Address | | | | | | | | | | | |
| | | | | | | | | | | | |
| Phone | | | | | | | | | | | |
| E-mail | | | | | | | | | | | |
| Year | 20..... | 20..... | 20..... | 20..... | 20..... | 20..... | 20..... | 20..... | 20..... | 20..... |
| S | | | | | | | | | | |
| R | | | | | | | | | | |

| Name | | | | | | | | | | | |
|---|---|---|---|---|---|---|---|---|---|---|---|
| Address | | | | | | | | | | | |
| | | | | | | | | | | | |
| Phone | | | | | | | | | | | |
| E-mail | | | | | | | | | | | |
| Year | 20..... | 20..... | 20..... | 20..... | 20..... | 20..... | 20..... | 20..... | 20..... | 20..... |
| S | | | | | | | | | | |
| R | | | | | | | | | | |

# N

| Name | | | | | | | | | | |
|---|---|---|---|---|---|---|---|---|---|---|
| Address | | | | | | | | | | |
| | | | | | | | | | | |
| Phone | | | | | | | | | | |
| E-mail | | | | | | | | | | |
| Year | 20..... | 20..... | 20..... | 20..... | 20..... | 20..... | 20..... | 20..... | 20..... | 20..... |
| S | | | | | | | | | | |
| R | | | | | | | | | | |

| Name | | | | | | | | | | |
|---|---|---|---|---|---|---|---|---|---|---|
| Address | | | | | | | | | | |
| | | | | | | | | | | |
| Phone | | | | | | | | | | |
| E-mail | | | | | | | | | | |
| Year | 20..... | 20..... | 20..... | 20..... | 20..... | 20..... | 20..... | 20..... | 20..... | 20..... |
| S | | | | | | | | | | |
| R | | | | | | | | | | |

| Name | | | | | | | | | | |
|---|---|---|---|---|---|---|---|---|---|---|
| Address | | | | | | | | | | |
| | | | | | | | | | | |
| Phone | | | | | | | | | | |
| E-mail | | | | | | | | | | |
| Year | 20..... | 20..... | 20..... | 20..... | 20..... | 20..... | 20..... | 20..... | 20..... | 20..... |
| S | | | | | | | | | | |
| R | | | | | | | | | | |

| Name | | | | | | | | | | |
|---|---|---|---|---|---|---|---|---|---|---|
| Address | | | | | | | | | | |
| | | | | | | | | | | |
| Phone | | | | | | | | | | |
| E-mail | | | | | | | | | | |
| Year | 20..... | 20..... | 20..... | 20..... | 20..... | 20..... | 20..... | 20..... | 20..... | 20..... |
| S | | | | | | | | | | |
| R | | | | | | | | | | |

| Name | | | | | | | | | | |
|---|---|---|---|---|---|---|---|---|---|---|
| Address | | | | | | | | | | |
| | | | | | | | | | | |
| Phone | | | | | | | | | | |
| E-mail | | | | | | | | | | |
| Year | 20..... | 20..... | 20..... | 20..... | 20..... | 20..... | 20..... | 20..... | 20..... | 20..... |
| S | | | | | | | | | | |
| R | | | | | | | | | | |

| Name | | | | | | | | | | |
|---|---|---|---|---|---|---|---|---|---|---|
| Address | | | | | | | | | | |
| | | | | | | | | | | |
| Phone | | | | | | | | | | |
| E-mail | | | | | | | | | | |
| Year | 20..... | 20..... | 20..... | 20..... | 20..... | 20..... | 20..... | 20..... | 20..... | 20..... |
| S | | | | | | | | | | |
| R | | | | | | | | | | |

| Name | | | | | | | | | | |
|---|---|---|---|---|---|---|---|---|---|---|
| Address | | | | | | | | | | |
| | | | | | | | | | | |
| Phone | | | | | | | | | | |
| E-mail | | | | | | | | | | |
| Year | 20..... | 20..... | 20..... | 20..... | 20..... | 20..... | 20..... | 20..... | 20..... | 20..... |
| S | | | | | | | | | | |
| R | | | | | | | | | | |

| Name | | | | | | | | | | |
|---|---|---|---|---|---|---|---|---|---|---|
| Address | | | | | | | | | | |
| | | | | | | | | | | |
| Phone | | | | | | | | | | |
| E-mail | | | | | | | | | | |
| Year | 20..... | 20..... | 20..... | 20..... | 20..... | 20..... | 20..... | 20..... | 20..... | 20..... |
| S | | | | | | | | | | |
| R | | | | | | | | | | |

0

Name

Address

Phone

E-mail

| Year | 20..... | 20..... | 20..... | 20..... | 20..... | 20..... | 20..... | 20..... | 20..... | 20..... |
|---|---|---|---|---|---|---|---|---|---|---|
| S | | | | | | | | | | |
| R | | | | | | | | | | |

Name

Address

Phone

E-mail

| Year | 20..... | 20..... | 20..... | 20..... | 20..... | 20..... | 20..... | 20..... | 20..... | 20..... |
|---|---|---|---|---|---|---|---|---|---|---|
| S | | | | | | | | | | |
| R | | | | | | | | | | |

Name

Address

Phone

E-mail

| Year | 20..... | 20..... | 20..... | 20..... | 20..... | 20..... | 20..... | 20..... | 20..... | 20..... |
|---|---|---|---|---|---|---|---|---|---|---|
| S | | | | | | | | | | |
| R | | | | | | | | | | |

Name

Address

Phone

E-mail

| Year | 20..... | 20..... | 20..... | 20..... | 20..... | 20..... | 20..... | 20..... | 20..... | 20..... |
|---|---|---|---|---|---|---|---|---|---|---|
| S | | | | | | | | | | |
| R | | | | | | | | | | |

| Name | | | | | | | | | | |
|---|---|---|---|---|---|---|---|---|---|---|
| Address | | | | | | | | | | |
| | | | | | | | | | | |
| Phone | | | | | | | | | | |
| E-mail | | | | | | | | | | |
| Year | 20..... | 20..... | 20..... | 20..... | 20..... | 20..... | 20..... | 20..... | 20..... | 20..... |
| S | | | | | | | | | | |
| R | | | | | | | | | | |
| Name | | | | | | | | | | |
| Address | | | | | | | | | | |
| | | | | | | | | | | |
| Phone | | | | | | | | | | |
| E-mail | | | | | | | | | | |
| Year | 20..... | 20..... | 20..... | 20..... | 20..... | 20..... | 20..... | 20..... | 20..... | 20..... |
| S | | | | | | | | | | |
| R | | | | | | | | | | |
| Name | | | | | | | | | | |
| Address | | | | | | | | | | |
| | | | | | | | | | | |
| Phone | | | | | | | | | | |
| E-mail | | | | | | | | | | |
| Year | 20..... | 20..... | 20..... | 20..... | 20..... | 20..... | 20..... | 20..... | 20..... | 20..... |
| S | | | | | | | | | | |
| R | | | | | | | | | | |
| Name | | | | | | | | | | |
| Address | | | | | | | | | | |
| | | | | | | | | | | |
| Phone | | | | | | | | | | |
| E-mail | | | | | | | | | | |
| Year | 20..... | 20..... | 20..... | 20..... | 20..... | 20..... | 20..... | 20..... | 20..... | 20..... |
| S | | | | | | | | | | |
| R | | | | | | | | | | |

# O

**Name**

**Address**

**Phone**

**E-mail**

| Year | 20.... | 20.... | 20.... | 20.... | 20.... | 20.... | 20.... | 20.... | 20.... | 20.... |
|---|---|---|---|---|---|---|---|---|---|---|
| S | | | | | | | | | | |
| R | | | | | | | | | | |

**Name**

**Address**

**Phone**

**E-mail**

| Year | 20.... | 20.... | 20.... | 20.... | 20.... | 20.... | 20.... | 20.... | 20.... | 20.... |
|---|---|---|---|---|---|---|---|---|---|---|
| S | | | | | | | | | | |
| R | | | | | | | | | | |

**Name**

**Address**

**Phone**

**E-mail**

| Year | 20.... | 20.... | 20.... | 20.... | 20.... | 20.... | 20.... | 20.... | 20.... | 20.... |
|---|---|---|---|---|---|---|---|---|---|---|
| S | | | | | | | | | | |
| R | | | | | | | | | | |

**Name**

**Address**

**Phone**

**E-mail**

| Year | 20.... | 20.... | 20.... | 20.... | 20.... | 20.... | 20.... | 20.... | 20.... | 20.... |
|---|---|---|---|---|---|---|---|---|---|---|
| S | | | | | | | | | | |
| R | | | | | | | | | | |

| Name | | | | | | | | | | | |
|---|---|---|---|---|---|---|---|---|---|---|---|
| Address | | | | | | | | | | | |
| | | | | | | | | | | | |
| Phone | | | | | | | | | | | |
| E-mail | | | | | | | | | | | |
| Year | 20..... | 20..... | 20..... | 20..... | 20..... | 20..... | 20..... | 20..... | 20..... | 20..... |
| S | | | | | | | | | | |
| R | | | | | | | | | | |

| Name | | | | | | | | | | | |
|---|---|---|---|---|---|---|---|---|---|---|---|
| Address | | | | | | | | | | | |
| | | | | | | | | | | | |
| Phone | | | | | | | | | | | |
| E-mail | | | | | | | | | | | |
| Year | 20..... | 20..... | 20..... | 20..... | 20..... | 20..... | 20..... | 20..... | 20..... | 20..... |
| S | | | | | | | | | | |
| R | | | | | | | | | | |

| Name | | | | | | | | | | | |
|---|---|---|---|---|---|---|---|---|---|---|---|
| Address | | | | | | | | | | | |
| | | | | | | | | | | | |
| Phone | | | | | | | | | | | |
| E-mail | | | | | | | | | | | |
| Year | 20..... | 20..... | 20..... | 20..... | 20..... | 20..... | 20..... | 20..... | 20..... | 20..... |
| S | | | | | | | | | | |
| R | | | | | | | | | | |

| Name | | | | | | | | | | | |
|---|---|---|---|---|---|---|---|---|---|---|---|
| Address | | | | | | | | | | | |
| | | | | | | | | | | | |
| Phone | | | | | | | | | | | |
| E-mail | | | | | | | | | | | |
| Year | 20..... | 20..... | 20..... | 20..... | 20..... | 20..... | 20..... | 20..... | 20..... | 20..... |
| S | | | | | | | | | | |
| R | | | | | | | | | | |

**P**

| Name |  |  |  |  |  |  |  |  |  |  |
|---|---|---|---|---|---|---|---|---|---|---|
| Address |  |  |  |  |  |  |  |  |  |  |
|  |  |  |  |  |  |  |  |  |  |  |
| Phone |  |  |  |  |  |  |  |  |  |  |
| E-mail |  |  |  |  |  |  |  |  |  |  |
| Year | 20..... | 20..... | 20..... | 20..... | 20..... | 20..... | 20..... | 20..... | 20..... | 20..... |
| S |  |  |  |  |  |  |  |  |  |  |
| R |  |  |  |  |  |  |  |  |  |  |

| Name |  |  |  |  |  |  |  |  |  |  |
|---|---|---|---|---|---|---|---|---|---|---|
| Address |  |  |  |  |  |  |  |  |  |  |
|  |  |  |  |  |  |  |  |  |  |  |
| Phone |  |  |  |  |  |  |  |  |  |  |
| E-mail |  |  |  |  |  |  |  |  |  |  |
| Year | 20..... | 20..... | 20..... | 20..... | 20..... | 20..... | 20..... | 20..... | 20..... | 20..... |
| S |  |  |  |  |  |  |  |  |  |  |
| R |  |  |  |  |  |  |  |  |  |  |

| Name |  |  |  |  |  |  |  |  |  |  |
|---|---|---|---|---|---|---|---|---|---|---|
| Address |  |  |  |  |  |  |  |  |  |  |
|  |  |  |  |  |  |  |  |  |  |  |
| Phone |  |  |  |  |  |  |  |  |  |  |
| E-mail |  |  |  |  |  |  |  |  |  |  |
| Year | 20..... | 20..... | 20..... | 20..... | 20..... | 20..... | 20..... | 20..... | 20..... | 20..... |
| S |  |  |  |  |  |  |  |  |  |  |
| R |  |  |  |  |  |  |  |  |  |  |

| Name |  |  |  |  |  |  |  |  |  |  |
|---|---|---|---|---|---|---|---|---|---|---|
| Address |  |  |  |  |  |  |  |  |  |  |
|  |  |  |  |  |  |  |  |  |  |  |
| Phone |  |  |  |  |  |  |  |  |  |  |
| E-mail |  |  |  |  |  |  |  |  |  |  |
| Year | 20..... | 20..... | 20..... | 20..... | 20..... | 20..... | 20..... | 20..... | 20..... | 20..... |
| S |  |  |  |  |  |  |  |  |  |  |
| R |  |  |  |  |  |  |  |  |  |  |

| Name | | | | | | | | | | |
|---|---|---|---|---|---|---|---|---|---|---|
| Address | | | | | | | | | | |
| | | | | | | | | | | |
| Phone | | | | | | | | | | |
| E-mail | | | | | | | | | | |
| Year | 20..... | 20..... | 20..... | 20..... | 20..... | 20..... | 20..... | 20..... | 20..... | 20..... |
| S | | | | | | | | | | |
| R | | | | | | | | | | |

| Name | | | | | | | | | | |
|---|---|---|---|---|---|---|---|---|---|---|
| Address | | | | | | | | | | |
| | | | | | | | | | | |
| Phone | | | | | | | | | | |
| E-mail | | | | | | | | | | |
| Year | 20..... | 20..... | 20..... | 20..... | 20..... | 20..... | 20..... | 20..... | 20..... | 20..... |
| S | | | | | | | | | | |
| R | | | | | | | | | | |

| Name | | | | | | | | | | |
|---|---|---|---|---|---|---|---|---|---|---|
| Address | | | | | | | | | | |
| | | | | | | | | | | |
| Phone | | | | | | | | | | |
| E-mail | | | | | | | | | | |
| Year | 20..... | 20..... | 20..... | 20..... | 20..... | 20..... | 20..... | 20..... | 20..... | 20..... |
| S | | | | | | | | | | |
| R | | | | | | | | | | |

| Name | | | | | | | | | | |
|---|---|---|---|---|---|---|---|---|---|---|
| Address | | | | | | | | | | |
| | | | | | | | | | | |
| Phone | | | | | | | | | | |
| E-mail | | | | | | | | | | |
| Year | 20..... | 20..... | 20..... | 20..... | 20..... | 20..... | 20..... | 20..... | 20..... | 20..... |
| S | | | | | | | | | | |
| R | | | | | | | | | | |

**P**

| Name | | | | | | | | | | |
|---|---|---|---|---|---|---|---|---|---|---|
| Address | | | | | | | | | | |
| | | | | | | | | | | |
| Phone | | | | | | | | | | |
| E-mail | | | | | | | | | | |
| Year | 20.... | 20.... | 20.... | 20.... | 20.... | 20.... | 20.... | 20.... | 20.... | 20.... |
| S | | | | | | | | | | |
| R | | | | | | | | | | |

| Name | | | | | | | | | | |
|---|---|---|---|---|---|---|---|---|---|---|
| Address | | | | | | | | | | |
| | | | | | | | | | | |
| Phone | | | | | | | | | | |
| E-mail | | | | | | | | | | |
| Year | 20.... | 20.... | 20.... | 20.... | 20.... | 20.... | 20.... | 20.... | 20.... | 20.... |
| S | | | | | | | | | | |
| R | | | | | | | | | | |

| Name | | | | | | | | | | |
|---|---|---|---|---|---|---|---|---|---|---|
| Address | | | | | | | | | | |
| | | | | | | | | | | |
| Phone | | | | | | | | | | |
| E-mail | | | | | | | | | | |
| Year | 20.... | 20.... | 20.... | 20.... | 20.... | 20.... | 20.... | 20.... | 20.... | 20.... |
| S | | | | | | | | | | |
| R | | | | | | | | | | |

| Name | | | | | | | | | | |
|---|---|---|---|---|---|---|---|---|---|---|
| Address | | | | | | | | | | |
| | | | | | | | | | | |
| Phone | | | | | | | | | | |
| E-mail | | | | | | | | | | |
| Year | 20.... | 20.... | 20.... | 20.... | 20.... | 20.... | 20.... | 20.... | 20.... | 20.... |
| S | | | | | | | | | | |
| R | | | | | | | | | | |

| Name | | | | | | | | | | |
|---|---|---|---|---|---|---|---|---|---|---|
| Address | | | | | | | | | | |
| | | | | | | | | | | |
| Phone | | | | | | | | | | |
| E-mail | | | | | | | | | | |
| Year | 20…. | 20…. | 20…. | 20…. | 20…. | 20…. | 20…. | 20…. | 20…. | 20…. |
| S | | | | | | | | | | |
| R | | | | | | | | | | |

| Name | | | | | | | | | | |
|---|---|---|---|---|---|---|---|---|---|---|
| Address | | | | | | | | | | |
| | | | | | | | | | | |
| Phone | | | | | | | | | | |
| E-mail | | | | | | | | | | |
| Year | 20…. | 20…. | 20…. | 20…. | 20…. | 20…. | 20…. | 20…. | 20…. | 20…. |
| S | | | | | | | | | | |
| R | | | | | | | | | | |

| Name | | | | | | | | | | |
|---|---|---|---|---|---|---|---|---|---|---|
| Address | | | | | | | | | | |
| | | | | | | | | | | |
| Phone | | | | | | | | | | |
| E-mail | | | | | | | | | | |
| Year | 20…. | 20…. | 20…. | 20…. | 20…. | 20…. | 20…. | 20…. | 20…. | 20…. |
| S | | | | | | | | | | |
| R | | | | | | | | | | |

| Name | | | | | | | | | | |
|---|---|---|---|---|---|---|---|---|---|---|
| Address | | | | | | | | | | |
| | | | | | | | | | | |
| Phone | | | | | | | | | | |
| E-mail | | | | | | | | | | |
| Year | 20…. | 20…. | 20…. | 20…. | 20…. | 20…. | 20…. | 20…. | 20…. | 20…. |
| S | | | | | | | | | | |
| R | | | | | | | | | | |

# Q

| Name | | | | | | | | | | |
|---|---|---|---|---|---|---|---|---|---|---|
| Address | | | | | | | | | | |
| | | | | | | | | | | |
| Phone | | | | | | | | | | |
| E-mail | | | | | | | | | | |
| Year | 20.... | 20.... | 20.... | 20.... | 20.... | 20.... | 20.... | 20.... | 20.... | 20.... |
| S | | | | | | | | | | |
| R | | | | | | | | | | |

| Name | | | | | | | | | | |
|---|---|---|---|---|---|---|---|---|---|---|
| Address | | | | | | | | | | |
| | | | | | | | | | | |
| Phone | | | | | | | | | | |
| E-mail | | | | | | | | | | |
| Year | 20.... | 20.... | 20.... | 20.... | 20.... | 20.... | 20.... | 20.... | 20.... | 20.... |
| S | | | | | | | | | | |
| R | | | | | | | | | | |

| Name | | | | | | | | | | |
|---|---|---|---|---|---|---|---|---|---|---|
| Address | | | | | | | | | | |
| | | | | | | | | | | |
| Phone | | | | | | | | | | |
| E-mail | | | | | | | | | | |
| Year | 20.... | 20.... | 20.... | 20.... | 20.... | 20.... | 20.... | 20.... | 20.... | 20.... |
| S | | | | | | | | | | |
| R | | | | | | | | | | |

| Name | | | | | | | | | | |
|---|---|---|---|---|---|---|---|---|---|---|
| Address | | | | | | | | | | |
| | | | | | | | | | | |
| Phone | | | | | | | | | | |
| E-mail | | | | | | | | | | |
| Year | 20.... | 20.... | 20.... | 20.... | 20.... | 20.... | 20.... | 20.... | 20.... | 20.... |
| S | | | | | | | | | | |
| R | | | | | | | | | | |

| Name | | | | | | | | | | |
|---|---|---|---|---|---|---|---|---|---|---|
| Address | | | | | | | | | | |
| | | | | | | | | | | |
| Phone | | | | | | | | | | |
| E-mail | | | | | | | | | | |
| Year | 20 | 20 | 20 | 20 | 20 | 20 | 20 | 20 | 20 | 20 |
| S | | | | | | | | | | |
| R | | | | | | | | | | |

| Name | | | | | | | | | | |
|---|---|---|---|---|---|---|---|---|---|---|
| Address | | | | | | | | | | |
| | | | | | | | | | | |
| Phone | | | | | | | | | | |
| E-mail | | | | | | | | | | |
| Year | 20 | 20 | 20 | 20 | 20 | 20 | 20 | 20 | 20 | 20 |
| S | | | | | | | | | | |
| R | | | | | | | | | | |

| Name | | | | | | | | | | |
|---|---|---|---|---|---|---|---|---|---|---|
| Address | | | | | | | | | | |
| | | | | | | | | | | |
| Phone | | | | | | | | | | |
| E-mail | | | | | | | | | | |
| Year | 20 | 20 | 20 | 20 | 20 | 20 | 20 | 20 | 20 | 20 |
| S | | | | | | | | | | |
| R | | | | | | | | | | |

| Name | | | | | | | | | | |
|---|---|---|---|---|---|---|---|---|---|---|
| Address | | | | | | | | | | |
| | | | | | | | | | | |
| Phone | | | | | | | | | | |
| E-mail | | | | | | | | | | |
| Year | 20 | 20 | 20 | 20 | 20 | 20 | 20 | 20 | 20 | 20 |
| S | | | | | | | | | | |
| R | | | | | | | | | | |

# Q

| Name | | | | | | | | | | |
|---|---|---|---|---|---|---|---|---|---|---|
| Address | | | | | | | | | | |
| | | | | | | | | | | |
| Phone | | | | | | | | | | |
| E-mail | | | | | | | | | | |
| Year | 20.... | 20.... | 20.... | 20.... | 20.... | 20.... | 20.... | 20.... | 20.... | 20.... |
| S | | | | | | | | | | |
| R | | | | | | | | | | |

| Name | | | | | | | | | | |
|---|---|---|---|---|---|---|---|---|---|---|
| Address | | | | | | | | | | |
| | | | | | | | | | | |
| Phone | | | | | | | | | | |
| E-mail | | | | | | | | | | |
| Year | 20.... | 20.... | 20.... | 20.... | 20.... | 20.... | 20.... | 20.... | 20.... | 20.... |
| S | | | | | | | | | | |
| R | | | | | | | | | | |

| Name | | | | | | | | | | |
|---|---|---|---|---|---|---|---|---|---|---|
| Address | | | | | | | | | | |
| | | | | | | | | | | |
| Phone | | | | | | | | | | |
| E-mail | | | | | | | | | | |
| Year | 20.... | 20.... | 20.... | 20.... | 20.... | 20.... | 20.... | 20.... | 20.... | 20.... |
| S | | | | | | | | | | |
| R | | | | | | | | | | |

| Name | | | | | | | | | | |
|---|---|---|---|---|---|---|---|---|---|---|
| Address | | | | | | | | | | |
| | | | | | | | | | | |
| Phone | | | | | | | | | | |
| E-mail | | | | | | | | | | |
| Year | 20.... | 20.... | 20.... | 20.... | 20.... | 20.... | 20.... | 20.... | 20.... | 20.... |
| S | | | | | | | | | | |
| R | | | | | | | | | | |

| Name | | | | | | | | | | |
|---|---|---|---|---|---|---|---|---|---|---|
| Address | | | | | | | | | | |
| | | | | | | | | | | |
| Phone | | | | | | | | | | |
| E-mail | | | | | | | | | | |
| Year | 20..... | 20..... | 20..... | 20..... | 20..... | 20..... | 20..... | 20..... | 20..... | 20..... |
| S | | | | | | | | | | |
| R | | | | | | | | | | |

| Name | | | | | | | | | | |
|---|---|---|---|---|---|---|---|---|---|---|
| Address | | | | | | | | | | |
| | | | | | | | | | | |
| Phone | | | | | | | | | | |
| E-mail | | | | | | | | | | |
| Year | 20..... | 20..... | 20..... | 20..... | 20..... | 20..... | 20..... | 20..... | 20..... | 20..... |
| S | | | | | | | | | | |
| R | | | | | | | | | | |

| Name | | | | | | | | | | |
|---|---|---|---|---|---|---|---|---|---|---|
| Address | | | | | | | | | | |
| | | | | | | | | | | |
| Phone | | | | | | | | | | |
| E-mail | | | | | | | | | | |
| Year | 20..... | 20..... | 20..... | 20..... | 20..... | 20..... | 20..... | 20..... | 20..... | 20..... |
| S | | | | | | | | | | |
| R | | | | | | | | | | |

| Name | | | | | | | | | | |
|---|---|---|---|---|---|---|---|---|---|---|
| Address | | | | | | | | | | |
| | | | | | | | | | | |
| Phone | | | | | | | | | | |
| E-mail | | | | | | | | | | |
| Year | 20..... | 20..... | 20..... | 20..... | 20..... | 20..... | 20..... | 20..... | 20..... | 20..... |
| S | | | | | | | | | | |
| R | | | | | | | | | | |

R

Name

Address

Phone

E-mail

| Year | 20..... | 20..... | 20..... | 20..... | 20..... | 20..... | 20..... | 20..... | 20..... | 20..... |
|---|---|---|---|---|---|---|---|---|---|---|
| S | | | | | | | | | | |
| R | | | | | | | | | | |

Name

Address

Phone

E-mail

| Year | 20..... | 20..... | 20..... | 20..... | 20..... | 20..... | 20..... | 20..... | 20..... | 20..... |
|---|---|---|---|---|---|---|---|---|---|---|
| S | | | | | | | | | | |
| R | | | | | | | | | | |

Name

Address

Phone

E-mail

| Year | 20..... | 20..... | 20..... | 20..... | 20..... | 20..... | 20..... | 20..... | 20..... | 20..... |
|---|---|---|---|---|---|---|---|---|---|---|
| S | | | | | | | | | | |
| R | | | | | | | | | | |

Name

Address

Phone

E-mail

| Year | 20..... | 20..... | 20..... | 20..... | 20..... | 20..... | 20..... | 20..... | 20..... | 20..... |
|---|---|---|---|---|---|---|---|---|---|---|
| S | | | | | | | | | | |
| R | | | | | | | | | | |

| Name | | | | | | | | | | | |
|---|---|---|---|---|---|---|---|---|---|---|---|
| Address | | | | | | | | | | | |
| | | | | | | | | | | | |
| Phone | | | | | | | | | | | |
| E-mail | | | | | | | | | | | |
| Year | 20.... | 20.... | 20.... | 20.... | 20.... | 20.... | 20.... | 20.... | 20.... | 20.... |
| S | | | | | | | | | | |
| R | | | | | | | | | | |

| Name | | | | | | | | | | | |
|---|---|---|---|---|---|---|---|---|---|---|---|
| Address | | | | | | | | | | | |
| | | | | | | | | | | | |
| Phone | | | | | | | | | | | |
| E-mail | | | | | | | | | | | |
| Year | 20.... | 20.... | 20.... | 20.... | 20.... | 20.... | 20.... | 20.... | 20.... | 20.... |
| S | | | | | | | | | | |
| R | | | | | | | | | | |

| Name | | | | | | | | | | | |
|---|---|---|---|---|---|---|---|---|---|---|---|
| Address | | | | | | | | | | | |
| | | | | | | | | | | | |
| Phone | | | | | | | | | | | |
| E-mail | | | | | | | | | | | |
| Year | 20.... | 20.... | 20.... | 20.... | 20.... | 20.... | 20.... | 20.... | 20.... | 20.... |
| S | | | | | | | | | | |
| R | | | | | | | | | | |

| Name | | | | | | | | | | | |
|---|---|---|---|---|---|---|---|---|---|---|---|
| Address | | | | | | | | | | | |
| | | | | | | | | | | | |
| Phone | | | | | | | | | | | |
| E-mail | | | | | | | | | | | |
| Year | 20.... | 20.... | 20.... | 20.... | 20.... | 20.... | 20.... | 20.... | 20.... | 20.... |
| S | | | | | | | | | | |
| R | | | | | | | | | | |

Name

Address

Phone

E-mail

| Year | 20..... | 20..... | 20..... | 20..... | 20..... | 20..... | 20..... | 20..... | 20..... | 20..... |
|---|---|---|---|---|---|---|---|---|---|---|
| S | | | | | | | | | | |
| R | | | | | | | | | | |

Name

Address

Phone

E-mail

| Year | 20..... | 20..... | 20..... | 20..... | 20..... | 20..... | 20..... | 20..... | 20..... | 20..... |
|---|---|---|---|---|---|---|---|---|---|---|
| S | | | | | | | | | | |
| R | | | | | | | | | | |

Name

Address

Phone

E-mail

| Year | 20..... | 20..... | 20..... | 20..... | 20..... | 20..... | 20..... | 20..... | 20..... | 20..... |
|---|---|---|---|---|---|---|---|---|---|---|
| S | | | | | | | | | | |
| R | | | | | | | | | | |

Name

Address

Phone

E-mail

| Year | 20..... | 20..... | 20..... | 20..... | 20..... | 20..... | 20..... | 20..... | 20..... | 20..... |
|---|---|---|---|---|---|---|---|---|---|---|
| S | | | | | | | | | | |
| R | | | | | | | | | | |

Name

Address

Phone

E-mail

| Year | 20..... | 20..... | 20..... | 20..... | 20..... | 20..... | 20..... | 20..... | 20..... | 20..... |
|---|---|---|---|---|---|---|---|---|---|---|
| S | | | | | | | | | | |
| R | | | | | | | | | | |

Name

Address

Phone

E-mail

| Year | 20..... | 20..... | 20..... | 20..... | 20..... | 20..... | 20..... | 20..... | 20..... | 20..... |
|---|---|---|---|---|---|---|---|---|---|---|
| S | | | | | | | | | | |
| R | | | | | | | | | | |

Name

Address

Phone

E-mail

| Year | 20..... | 20..... | 20..... | 20..... | 20..... | 20..... | 20..... | 20..... | 20..... | 20..... |
|---|---|---|---|---|---|---|---|---|---|---|
| S | | | | | | | | | | |
| R | | | | | | | | | | |

Name

Address

Phone

E-mail

| Year | 20..... | 20..... | 20..... | 20..... | 20..... | 20..... | 20..... | 20..... | 20..... | 20..... |
|---|---|---|---|---|---|---|---|---|---|---|
| S | | | | | | | | | | |
| R | | | | | | | | | | |

**S**

| Name | | | | | | | | | | |
|---|---|---|---|---|---|---|---|---|---|---|
| Address | | | | | | | | | | |
| | | | | | | | | | | |
| Phone | | | | | | | | | | |
| E-mail | | | | | | | | | | |
| Year | 20..... | 20..... | 20..... | 20..... | 20..... | 20..... | 20..... | 20..... | 20..... | 20..... |
| S | | | | | | | | | | |
| R | | | | | | | | | | |

| Name | | | | | | | | | | |
|---|---|---|---|---|---|---|---|---|---|---|
| Address | | | | | | | | | | |
| | | | | | | | | | | |
| Phone | | | | | | | | | | |
| E-mail | | | | | | | | | | |
| Year | 20..... | 20..... | 20..... | 20..... | 20..... | 20..... | 20..... | 20..... | 20..... | 20..... |
| S | | | | | | | | | | |
| R | | | | | | | | | | |

| Name | | | | | | | | | | |
|---|---|---|---|---|---|---|---|---|---|---|
| Address | | | | | | | | | | |
| | | | | | | | | | | |
| Phone | | | | | | | | | | |
| E-mail | | | | | | | | | | |
| Year | 20..... | 20..... | 20..... | 20..... | 20..... | 20..... | 20..... | 20..... | 20..... | 20..... |
| S | | | | | | | | | | |
| R | | | | | | | | | | |

| Name | | | | | | | | | | |
|---|---|---|---|---|---|---|---|---|---|---|
| Address | | | | | | | | | | |
| | | | | | | | | | | |
| Phone | | | | | | | | | | |
| E-mail | | | | | | | | | | |
| Year | 20..... | 20..... | 20..... | 20..... | 20..... | 20..... | 20..... | 20..... | 20..... | 20..... |
| S | | | | | | | | | | |
| R | | | | | | | | | | |

| Name | | | | | | | | | | |
|---|---|---|---|---|---|---|---|---|---|---|
| Address | | | | | | | | | | |
| | | | | | | | | | | |
| Phone | | | | | | | | | | |
| E-mail | | | | | | | | | | |
| Year | 20..... | 20..... | 20..... | 20..... | 20..... | 20..... | 20..... | 20..... | 20..... | 20..... |
| S | | | | | | | | | | |
| R | | | | | | | | | | |

| Name | | | | | | | | | | |
|---|---|---|---|---|---|---|---|---|---|---|
| Address | | | | | | | | | | |
| | | | | | | | | | | |
| Phone | | | | | | | | | | |
| E-mail | | | | | | | | | | |
| Year | 20..... | 20..... | 20..... | 20..... | 20..... | 20..... | 20..... | 20..... | 20..... | 20..... |
| S | | | | | | | | | | |
| R | | | | | | | | | | |

| Name | | | | | | | | | | |
|---|---|---|---|---|---|---|---|---|---|---|
| Address | | | | | | | | | | |
| | | | | | | | | | | |
| Phone | | | | | | | | | | |
| E-mail | | | | | | | | | | |
| Year | 20..... | 20..... | 20..... | 20..... | 20..... | 20..... | 20..... | 20..... | 20..... | 20..... |
| S | | | | | | | | | | |
| R | | | | | | | | | | |

| Name | | | | | | | | | | |
|---|---|---|---|---|---|---|---|---|---|---|
| Address | | | | | | | | | | |
| | | | | | | | | | | |
| Phone | | | | | | | | | | |
| E-mail | | | | | | | | | | |
| Year | 20..... | 20..... | 20..... | 20..... | 20..... | 20..... | 20..... | 20..... | 20..... | 20..... |
| S | | | | | | | | | | |
| R | | | | | | | | | | |

# S

| Name | | | | | | | | | | |
|---|---|---|---|---|---|---|---|---|---|---|
| Address | | | | | | | | | | |
| | | | | | | | | | | |
| Phone | | | | | | | | | | |
| E-mail | | | | | | | | | | |
| Year | 20..... | 20..... | 20..... | 20..... | 20..... | 20..... | 20..... | 20..... | 20..... | 20..... |
| S | | | | | | | | | | |
| R | | | | | | | | | | |

| Name | | | | | | | | | | |
|---|---|---|---|---|---|---|---|---|---|---|
| Address | | | | | | | | | | |
| | | | | | | | | | | |
| Phone | | | | | | | | | | |
| E-mail | | | | | | | | | | |
| Year | 20..... | 20..... | 20..... | 20..... | 20..... | 20..... | 20..... | 20..... | 20..... | 20..... |
| S | | | | | | | | | | |
| R | | | | | | | | | | |

| Name | | | | | | | | | | |
|---|---|---|---|---|---|---|---|---|---|---|
| Address | | | | | | | | | | |
| | | | | | | | | | | |
| Phone | | | | | | | | | | |
| E-mail | | | | | | | | | | |
| Year | 20..... | 20..... | 20..... | 20..... | 20..... | 20..... | 20..... | 20..... | 20..... | 20..... |
| S | | | | | | | | | | |
| R | | | | | | | | | | |

| Name | | | | | | | | | | |
|---|---|---|---|---|---|---|---|---|---|---|
| Address | | | | | | | | | | |
| | | | | | | | | | | |
| Phone | | | | | | | | | | |
| E-mail | | | | | | | | | | |
| Year | 20..... | 20..... | 20..... | 20..... | 20..... | 20..... | 20..... | 20..... | 20..... | 20..... |
| S | | | | | | | | | | |
| R | | | | | | | | | | |

| Name | | | | | | | | | | |
|---|---|---|---|---|---|---|---|---|---|---|
| Address | | | | | | | | | | |
| | | | | | | | | | | |
| Phone | | | | | | | | | | |
| E-mail | | | | | | | | | | |
| Year | 20.... | 20.... | 20.... | 20.... | 20.... | 20.... | 20.... | 20.... | 20.... | 20.... |
| S | | | | | | | | | | |
| R | | | | | | | | | | |

| Name | | | | | | | | | | |
|---|---|---|---|---|---|---|---|---|---|---|
| Address | | | | | | | | | | |
| | | | | | | | | | | |
| Phone | | | | | | | | | | |
| E-mail | | | | | | | | | | |
| Year | 20.... | 20.... | 20.... | 20.... | 20.... | 20.... | 20.... | 20.... | 20.... | 20.... |
| S | | | | | | | | | | |
| R | | | | | | | | | | |

| Name | | | | | | | | | | |
|---|---|---|---|---|---|---|---|---|---|---|
| Address | | | | | | | | | | |
| | | | | | | | | | | |
| Phone | | | | | | | | | | |
| E-mail | | | | | | | | | | |
| Year | 20.... | 20.... | 20.... | 20.... | 20.... | 20.... | 20.... | 20.... | 20.... | 20.... |
| S | | | | | | | | | | |
| R | | | | | | | | | | |

| Name | | | | | | | | | | |
|---|---|---|---|---|---|---|---|---|---|---|
| Address | | | | | | | | | | |
| | | | | | | | | | | |
| Phone | | | | | | | | | | |
| E-mail | | | | | | | | | | |
| Year | 20.... | 20.... | 20.... | 20.... | 20.... | 20.... | 20.... | 20.... | 20.... | 20.... |
| S | | | | | | | | | | |
| R | | | | | | | | | | |

# T

| Name | | | | | | | | | | |
|---|---|---|---|---|---|---|---|---|---|---|
| Address | | | | | | | | | | |
| | | | | | | | | | | |
| Phone | | | | | | | | | | |
| E-mail | | | | | | | | | | |
| Year | 20..... | 20..... | 20..... | 20..... | 20..... | 20..... | 20..... | 20..... | 20..... | 20..... |
| S | | | | | | | | | | |
| R | | | | | | | | | | |

| Name | | | | | | | | | | |
|---|---|---|---|---|---|---|---|---|---|---|
| Address | | | | | | | | | | |
| | | | | | | | | | | |
| Phone | | | | | | | | | | |
| E-mail | | | | | | | | | | |
| Year | 20..... | 20..... | 20..... | 20..... | 20..... | 20..... | 20..... | 20..... | 20..... | 20..... |
| S | | | | | | | | | | |
| R | | | | | | | | | | |

| Name | | | | | | | | | | |
|---|---|---|---|---|---|---|---|---|---|---|
| Address | | | | | | | | | | |
| | | | | | | | | | | |
| Phone | | | | | | | | | | |
| E-mail | | | | | | | | | | |
| Year | 20..... | 20..... | 20..... | 20..... | 20..... | 20..... | 20..... | 20..... | 20..... | 20..... |
| S | | | | | | | | | | |
| R | | | | | | | | | | |

| Name | | | | | | | | | | |
|---|---|---|---|---|---|---|---|---|---|---|
| Address | | | | | | | | | | |
| | | | | | | | | | | |
| Phone | | | | | | | | | | |
| E-mail | | | | | | | | | | |
| Year | 20..... | 20..... | 20..... | 20..... | 20..... | 20..... | 20..... | 20..... | 20..... | 20..... |
| S | | | | | | | | | | |
| R | | | | | | | | | | |

| Name | | | | | | | | | | |
|---|---|---|---|---|---|---|---|---|---|---|
| Address | | | | | | | | | | |
| | | | | | | | | | | |
| Phone | | | | | | | | | | |
| E-mail | | | | | | | | | | |
| Year | 20..... | 20..... | 20..... | 20..... | 20..... | 20..... | 20..... | 20..... | 20..... | 20..... |
| S | | | | | | | | | | |
| R | | | | | | | | | | |

| Name | | | | | | | | | | |
|---|---|---|---|---|---|---|---|---|---|---|
| Address | | | | | | | | | | |
| | | | | | | | | | | |
| Phone | | | | | | | | | | |
| E-mail | | | | | | | | | | |
| Year | 20..... | 20..... | 20..... | 20..... | 20..... | 20..... | 20..... | 20..... | 20..... | 20..... |
| S | | | | | | | | | | |
| R | | | | | | | | | | |

| Name | | | | | | | | | | |
|---|---|---|---|---|---|---|---|---|---|---|
| Address | | | | | | | | | | |
| | | | | | | | | | | |
| Phone | | | | | | | | | | |
| E-mail | | | | | | | | | | |
| Year | 20..... | 20..... | 20..... | 20..... | 20..... | 20..... | 20..... | 20..... | 20..... | 20..... |
| S | | | | | | | | | | |
| R | | | | | | | | | | |

| Name | | | | | | | | | | |
|---|---|---|---|---|---|---|---|---|---|---|
| Address | | | | | | | | | | |
| | | | | | | | | | | |
| Phone | | | | | | | | | | |
| E-mail | | | | | | | | | | |
| Year | 20..... | 20..... | 20..... | 20..... | 20..... | 20..... | 20..... | 20..... | 20..... | 20..... |
| S | | | | | | | | | | |
| R | | | | | | | | | | |

T

Name

Address

Phone

E-mail

| Year | 20..... | 20..... | 20..... | 20..... | 20..... | 20..... | 20..... | 20..... | 20..... | 20..... |
|---|---|---|---|---|---|---|---|---|---|---|
| S | | | | | | | | | | |
| R | | | | | | | | | | |

Name

Address

Phone

E-mail

| Year | 20..... | 20..... | 20..... | 20..... | 20..... | 20..... | 20..... | 20..... | 20..... | 20..... |
|---|---|---|---|---|---|---|---|---|---|---|
| S | | | | | | | | | | |
| R | | | | | | | | | | |

Name

Address

Phone

E-mail

| Year | 20..... | 20..... | 20..... | 20..... | 20..... | 20..... | 20..... | 20..... | 20..... | 20..... |
|---|---|---|---|---|---|---|---|---|---|---|
| S | | | | | | | | | | |
| R | | | | | | | | | | |

Name

Address

Phone

E-mail

| Year | 20..... | 20..... | 20..... | 20..... | 20..... | 20..... | 20..... | 20..... | 20..... | 20..... |
|---|---|---|---|---|---|---|---|---|---|---|
| S | | | | | | | | | | |
| R | | | | | | | | | | |

| Name | | | | | | | | | | |
|---|---|---|---|---|---|---|---|---|---|---|
| Address | | | | | | | | | | |
| | | | | | | | | | | |
| Phone | | | | | | | | | | |
| E-mail | | | | | | | | | | |
| Year | 20..... | 20..... | 20..... | 20..... | 20..... | 20..... | 20..... | 20..... | 20..... | 20..... |
| S | | | | | | | | | | |
| R | | | | | | | | | | |

| Name | | | | | | | | | | |
|---|---|---|---|---|---|---|---|---|---|---|
| Address | | | | | | | | | | |
| | | | | | | | | | | |
| Phone | | | | | | | | | | |
| E-mail | | | | | | | | | | |
| Year | 20..... | 20..... | 20..... | 20..... | 20..... | 20..... | 20..... | 20..... | 20..... | 20..... |
| S | | | | | | | | | | |
| R | | | | | | | | | | |

| Name | | | | | | | | | | |
|---|---|---|---|---|---|---|---|---|---|---|
| Address | | | | | | | | | | |
| | | | | | | | | | | |
| Phone | | | | | | | | | | |
| E-mail | | | | | | | | | | |
| Year | 20..... | 20..... | 20..... | 20..... | 20..... | 20..... | 20..... | 20..... | 20..... | 20..... |
| S | | | | | | | | | | |
| R | | | | | | | | | | |

| Name | | | | | | | | | | |
|---|---|---|---|---|---|---|---|---|---|---|
| Address | | | | | | | | | | |
| | | | | | | | | | | |
| Phone | | | | | | | | | | |
| E-mail | | | | | | | | | | |
| Year | 20..... | 20..... | 20..... | 20..... | 20..... | 20..... | 20..... | 20..... | 20..... | 20..... |
| S | | | | | | | | | | |
| R | | | | | | | | | | |

Name

**U**

Address

Phone

E-mail

| Year | 20..... | 20..... | 20..... | 20..... | 20..... | 20..... | 20..... | 20..... | 20..... | 20..... |
|---|---|---|---|---|---|---|---|---|---|---|
| S | | | | | | | | | | |
| R | | | | | | | | | | |

Name

Address

Phone

E-mail

| Year | 20..... | 20..... | 20..... | 20..... | 20..... | 20..... | 20..... | 20..... | 20..... | 20..... |
|---|---|---|---|---|---|---|---|---|---|---|
| S | | | | | | | | | | |
| R | | | | | | | | | | |

Name

Address

Phone

E-mail

| Year | 20..... | 20..... | 20..... | 20..... | 20..... | 20..... | 20..... | 20..... | 20..... | 20..... |
|---|---|---|---|---|---|---|---|---|---|---|
| S | | | | | | | | | | |
| R | | | | | | | | | | |

Name

Address

Phone

E-mail

| Year | 20..... | 20..... | 20..... | 20..... | 20..... | 20..... | 20..... | 20..... | 20..... | 20..... |
|---|---|---|---|---|---|---|---|---|---|---|
| S | | | | | | | | | | |
| R | | | | | | | | | | |

| Name | | | | | | | | | | |
|---|---|---|---|---|---|---|---|---|---|---|
| Address | | | | | | | | | | |
| | | | | | | | | | | |
| Phone | | | | | | | | | | |
| E-mail | | | | | | | | | | |
| Year | 20..... | 20..... | 20..... | 20..... | 20..... | 20..... | 20..... | 20..... | 20..... | 20..... |
| S | | | | | | | | | | |
| R | | | | | | | | | | |
| Name | | | | | | | | | | |
| Address | | | | | | | | | | |
| | | | | | | | | | | |
| Phone | | | | | | | | | | |
| E-mail | | | | | | | | | | |
| Year | 20..... | 20..... | 20..... | 20..... | 20..... | 20..... | 20..... | 20..... | 20..... | 20..... |
| S | | | | | | | | | | |
| R | | | | | | | | | | |
| Name | | | | | | | | | | |
| Address | | | | | | | | | | |
| | | | | | | | | | | |
| Phone | | | | | | | | | | |
| E-mail | | | | | | | | | | |
| Year | 20..... | 20..... | 20..... | 20..... | 20..... | 20..... | 20..... | 20..... | 20..... | 20..... |
| S | | | | | | | | | | |
| R | | | | | | | | | | |
| Name | | | | | | | | | | |
| Address | | | | | | | | | | |
| | | | | | | | | | | |
| Phone | | | | | | | | | | |
| E-mail | | | | | | | | | | |
| Year | 20..... | 20..... | 20..... | 20..... | 20..... | 20..... | 20..... | 20..... | 20..... | 20..... |
| S | | | | | | | | | | |
| R | | | | | | | | | | |

Name

Address

Phone

E-mail

| Year | 20..... | 20..... | 20..... | 20..... | 20..... | 20..... | 20..... | 20..... | 20..... | 20..... |
|---|---|---|---|---|---|---|---|---|---|---|
| S | | | | | | | | | | |
| R | | | | | | | | | | |

Name

Address

Phone

E-mail

| Year | 20..... | 20..... | 20..... | 20..... | 20..... | 20..... | 20..... | 20..... | 20..... | 20..... |
|---|---|---|---|---|---|---|---|---|---|---|
| S | | | | | | | | | | |
| R | | | | | | | | | | |

Name

Address

Phone

E-mail

| Year | 20..... | 20..... | 20..... | 20..... | 20..... | 20..... | 20..... | 20..... | 20..... | 20..... |
|---|---|---|---|---|---|---|---|---|---|---|
| S | | | | | | | | | | |
| R | | | | | | | | | | |

Name

Address

Phone

E-mail

| Year | 20..... | 20..... | 20..... | 20..... | 20..... | 20..... | 20..... | 20..... | 20..... | 20..... |
|---|---|---|---|---|---|---|---|---|---|---|
| S | | | | | | | | | | |
| R | | | | | | | | | | |

| Name | | | | | | | | | | |
|---|---|---|---|---|---|---|---|---|---|---|
| Address | | | | | | | | | | |
| | | | | | | | | | | |
| Phone | | | | | | | | | | |
| E-mail | | | | | | | | | | |
| Year | 20..... | 20..... | 20..... | 20..... | 20..... | 20..... | 20..... | 20..... | 20..... | 20..... |
| S | | | | | | | | | | |
| R | | | | | | | | | | |

| Name | | | | | | | | | | |
|---|---|---|---|---|---|---|---|---|---|---|
| Address | | | | | | | | | | |
| | | | | | | | | | | |
| Phone | | | | | | | | | | |
| E-mail | | | | | | | | | | |
| Year | 20..... | 20..... | 20..... | 20..... | 20..... | 20..... | 20..... | 20..... | 20..... | 20..... |
| S | | | | | | | | | | |
| R | | | | | | | | | | |

| Name | | | | | | | | | | |
|---|---|---|---|---|---|---|---|---|---|---|
| Address | | | | | | | | | | |
| | | | | | | | | | | |
| Phone | | | | | | | | | | |
| E-mail | | | | | | | | | | |
| Year | 20..... | 20..... | 20..... | 20..... | 20..... | 20..... | 20..... | 20..... | 20..... | 20..... |
| S | | | | | | | | | | |
| R | | | | | | | | | | |

| Name | | | | | | | | | | |
|---|---|---|---|---|---|---|---|---|---|---|
| Address | | | | | | | | | | |
| | | | | | | | | | | |
| Phone | | | | | | | | | | |
| E-mail | | | | | | | | | | |
| Year | 20..... | 20..... | 20..... | 20..... | 20..... | 20..... | 20..... | 20..... | 20..... | 20..... |
| S | | | | | | | | | | |
| R | | | | | | | | | | |

# V

| Name |  |  |  |  |  |  |  |  |  |  |
|---|---|---|---|---|---|---|---|---|---|---|
| Address | | | | | | | | | | |
| | | | | | | | | | | |
| Phone | | | | | | | | | | |
| E-mail | | | | | | | | | | |
| Year | 20..... | 20..... | 20..... | 20..... | 20..... | 20..... | 20..... | 20..... | 20..... | 20..... |
| S | | | | | | | | | | |
| R | | | | | | | | | | |

| Name |  |  |  |  |  |  |  |  |  |  |
|---|---|---|---|---|---|---|---|---|---|---|
| Address | | | | | | | | | | |
| | | | | | | | | | | |
| Phone | | | | | | | | | | |
| E-mail | | | | | | | | | | |
| Year | 20..... | 20..... | 20..... | 20..... | 20..... | 20..... | 20..... | 20..... | 20..... | 20..... |
| S | | | | | | | | | | |
| R | | | | | | | | | | |

| Name |  |  |  |  |  |  |  |  |  |  |
|---|---|---|---|---|---|---|---|---|---|---|
| Address | | | | | | | | | | |
| | | | | | | | | | | |
| Phone | | | | | | | | | | |
| E-mail | | | | | | | | | | |
| Year | 20..... | 20..... | 20..... | 20..... | 20..... | 20..... | 20..... | 20..... | 20..... | 20..... |
| S | | | | | | | | | | |
| R | | | | | | | | | | |

| Name |  |  |  |  |  |  |  |  |  |  |
|---|---|---|---|---|---|---|---|---|---|---|
| Address | | | | | | | | | | |
| | | | | | | | | | | |
| Phone | | | | | | | | | | |
| E-mail | | | | | | | | | | |
| Year | 20..... | 20..... | 20..... | 20..... | 20..... | 20..... | 20..... | 20..... | 20..... | 20..... |
| S | | | | | | | | | | |
| R | | | | | | | | | | |

| Name | | | | | | | | | | |
|---|---|---|---|---|---|---|---|---|---|---|
| Address | | | | | | | | | | |
| | | | | | | | | | | |
| Phone | | | | | | | | | | |
| E-mail | | | | | | | | | | |
| Year | 20..... | 20..... | 20..... | 20..... | 20..... | 20..... | 20..... | 20..... | 20..... | 20..... |
| S | | | | | | | | | | |
| R | | | | | | | | | | |

| Name | | | | | | | | | | |
|---|---|---|---|---|---|---|---|---|---|---|
| Address | | | | | | | | | | |
| | | | | | | | | | | |
| Phone | | | | | | | | | | |
| E-mail | | | | | | | | | | |
| Year | 20..... | 20..... | 20..... | 20..... | 20..... | 20..... | 20..... | 20..... | 20..... | 20..... |
| S | | | | | | | | | | |
| R | | | | | | | | | | |

| Name | | | | | | | | | | |
|---|---|---|---|---|---|---|---|---|---|---|
| Address | | | | | | | | | | |
| | | | | | | | | | | |
| Phone | | | | | | | | | | |
| E-mail | | | | | | | | | | |
| Year | 20..... | 20..... | 20..... | 20..... | 20..... | 20..... | 20..... | 20..... | 20..... | 20..... |
| S | | | | | | | | | | |
| R | | | | | | | | | | |

| Name | | | | | | | | | | |
|---|---|---|---|---|---|---|---|---|---|---|
| Address | | | | | | | | | | |
| | | | | | | | | | | |
| Phone | | | | | | | | | | |
| E-mail | | | | | | | | | | |
| Year | 20..... | 20..... | 20..... | 20..... | 20..... | 20..... | 20..... | 20..... | 20..... | 20..... |
| S | | | | | | | | | | |
| R | | | | | | | | | | |

**V**

| Name | | | | | | | | | | |
|---|---|---|---|---|---|---|---|---|---|---|
| Address | | | | | | | | | | |
| | | | | | | | | | | |
| Phone | | | | | | | | | | |
| E-mail | | | | | | | | | | |
| Year | 20..... | 20..... | 20..... | 20..... | 20..... | 20..... | 20..... | 20..... | 20..... | 20..... |
| S | | | | | | | | | | |
| R | | | | | | | | | | |

| Name | | | | | | | | | | |
|---|---|---|---|---|---|---|---|---|---|---|
| Address | | | | | | | | | | |
| | | | | | | | | | | |
| Phone | | | | | | | | | | |
| E-mail | | | | | | | | | | |
| Year | 20..... | 20..... | 20..... | 20..... | 20..... | 20..... | 20..... | 20..... | 20..... | 20..... |
| S | | | | | | | | | | |
| R | | | | | | | | | | |

| Name | | | | | | | | | | |
|---|---|---|---|---|---|---|---|---|---|---|
| Address | | | | | | | | | | |
| | | | | | | | | | | |
| Phone | | | | | | | | | | |
| E-mail | | | | | | | | | | |
| Year | 20..... | 20..... | 20..... | 20..... | 20..... | 20..... | 20..... | 20..... | 20..... | 20..... |
| S | | | | | | | | | | |
| R | | | | | | | | | | |

| Name | | | | | | | | | | |
|---|---|---|---|---|---|---|---|---|---|---|
| Address | | | | | | | | | | |
| | | | | | | | | | | |
| Phone | | | | | | | | | | |
| E-mail | | | | | | | | | | |
| Year | 20..... | 20..... | 20..... | 20..... | 20..... | 20..... | 20..... | 20..... | 20..... | 20..... |
| S | | | | | | | | | | |
| R | | | | | | | | | | |

| Name | | | | | | | | | | |
|---|---|---|---|---|---|---|---|---|---|---|
| Address | | | | | | | | | | |
| | | | | | | | | | | |
| Phone | | | | | | | | | | |
| E-mail | | | | | | | | | | |
| Year | 20..... | 20..... | 20..... | 20..... | 20..... | 20..... | 20..... | 20..... | 20..... | 20..... |
| S | | | | | | | | | | |
| R | | | | | | | | | | |

| Name | | | | | | | | | | |
|---|---|---|---|---|---|---|---|---|---|---|
| Address | | | | | | | | | | |
| | | | | | | | | | | |
| Phone | | | | | | | | | | |
| E-mail | | | | | | | | | | |
| Year | 20..... | 20..... | 20..... | 20..... | 20..... | 20..... | 20..... | 20..... | 20..... | 20..... |
| S | | | | | | | | | | |
| R | | | | | | | | | | |

| Name | | | | | | | | | | |
|---|---|---|---|---|---|---|---|---|---|---|
| Address | | | | | | | | | | |
| | | | | | | | | | | |
| Phone | | | | | | | | | | |
| E-mail | | | | | | | | | | |
| Year | 20..... | 20..... | 20..... | 20..... | 20..... | 20..... | 20..... | 20..... | 20..... | 20..... |
| S | | | | | | | | | | |
| R | | | | | | | | | | |

| Name | | | | | | | | | | |
|---|---|---|---|---|---|---|---|---|---|---|
| Address | | | | | | | | | | |
| | | | | | | | | | | |
| Phone | | | | | | | | | | |
| E-mail | | | | | | | | | | |
| Year | 20..... | 20..... | 20..... | 20..... | 20..... | 20..... | 20..... | 20..... | 20..... | 20..... |
| S | | | | | | | | | | |
| R | | | | | | | | | | |

**W**

| Name | | | | | | | | | | |
|---|---|---|---|---|---|---|---|---|---|---|
| Address | | | | | | | | | | |
| | | | | | | | | | | |
| Phone | | | | | | | | | | |
| E-mail | | | | | | | | | | |
| Year | 20.... | 20.... | 20.... | 20.... | 20.... | 20.... | 20.... | 20.... | 20.... | 20.... |
| S | | | | | | | | | | |
| R | | | | | | | | | | |
| Name | | | | | | | | | | |
| Address | | | | | | | | | | |
| | | | | | | | | | | |
| Phone | | | | | | | | | | |
| E-mail | | | | | | | | | | |
| Year | 20.... | 20.... | 20.... | 20.... | 20.... | 20.... | 20.... | 20.... | 20.... | 20.... |
| S | | | | | | | | | | |
| R | | | | | | | | | | |
| Name | | | | | | | | | | |
| Address | | | | | | | | | | |
| | | | | | | | | | | |
| Phone | | | | | | | | | | |
| E-mail | | | | | | | | | | |
| Year | 20.... | 20.... | 20.... | 20.... | 20.... | 20.... | 20.... | 20.... | 20.... | 20.... |
| S | | | | | | | | | | |
| R | | | | | | | | | | |
| Name | | | | | | | | | | |
| Address | | | | | | | | | | |
| | | | | | | | | | | |
| Phone | | | | | | | | | | |
| E-mail | | | | | | | | | | |
| Year | 20.... | 20.... | 20.... | 20.... | 20.... | 20.... | 20.... | 20.... | 20.... | 20.... |
| S | | | | | | | | | | |
| R | | | | | | | | | | |

| | | | | | | | | | | |
|---|---|---|---|---|---|---|---|---|---|---|
| Name | | | | | | | | | | |
| Address | | | | | | | | | | |
| | | | | | | | | | | |
| Phone | | | | | | | | | | |
| E-mail | | | | | | | | | | |
| Year | 20..... | 20..... | 20..... | 20..... | 20..... | 20..... | 20..... | 20..... | 20..... | 20..... |
| S | | | | | | | | | | |
| R | | | | | | | | | | |
| Name | | | | | | | | | | |
| Address | | | | | | | | | | |
| | | | | | | | | | | |
| Phone | | | | | | | | | | |
| E-mail | | | | | | | | | | |
| Year | 20..... | 20..... | 20..... | 20..... | 20..... | 20..... | 20..... | 20..... | 20..... | 20..... |
| S | | | | | | | | | | |
| R | | | | | | | | | | |
| Name | | | | | | | | | | |
| Address | | | | | | | | | | |
| | | | | | | | | | | |
| Phone | | | | | | | | | | |
| E-mail | | | | | | | | | | |
| Year | 20..... | 20..... | 20..... | 20..... | 20..... | 20..... | 20..... | 20..... | 20..... | 20..... |
| S | | | | | | | | | | |
| R | | | | | | | | | | |
| Name | | | | | | | | | | |
| Address | | | | | | | | | | |
| | | | | | | | | | | |
| Phone | | | | | | | | | | |
| E-mail | | | | | | | | | | |
| Year | 20..... | 20..... | 20..... | 20..... | 20..... | 20..... | 20..... | 20..... | 20..... | 20..... |
| S | | | | | | | | | | |
| R | | | | | | | | | | |

**W**

| Name | | | | | | | | | | |
|---|---|---|---|---|---|---|---|---|---|---|
| Address | | | | | | | | | | |
| | | | | | | | | | | |
| Phone | | | | | | | | | | |
| E-mail | | | | | | | | | | |
| Year | 20.... | 20.... | 20.... | 20.... | 20.... | 20.... | 20.... | 20.... | 20.... | 20.... |
| S | | | | | | | | | | |
| R | | | | | | | | | | |

| Name | | | | | | | | | | |
|---|---|---|---|---|---|---|---|---|---|---|
| Address | | | | | | | | | | |
| | | | | | | | | | | |
| Phone | | | | | | | | | | |
| E-mail | | | | | | | | | | |
| Year | 20.... | 20.... | 20.... | 20.... | 20.... | 20.... | 20.... | 20.... | 20.... | 20.... |
| S | | | | | | | | | | |
| R | | | | | | | | | | |

| Name | | | | | | | | | | |
|---|---|---|---|---|---|---|---|---|---|---|
| Address | | | | | | | | | | |
| | | | | | | | | | | |
| Phone | | | | | | | | | | |
| E-mail | | | | | | | | | | |
| Year | 20.... | 20.... | 20.... | 20.... | 20.... | 20.... | 20.... | 20.... | 20.... | 20.... |
| S | | | | | | | | | | |
| R | | | | | | | | | | |

| Name | | | | | | | | | | |
|---|---|---|---|---|---|---|---|---|---|---|
| Address | | | | | | | | | | |
| | | | | | | | | | | |
| Phone | | | | | | | | | | |
| E-mail | | | | | | | | | | |
| Year | 20.... | 20.... | 20.... | 20.... | 20.... | 20.... | 20.... | 20.... | 20.... | 20.... |
| S | | | | | | | | | | |
| R | | | | | | | | | | |

| Name | | | | | | | | | | |
|---|---|---|---|---|---|---|---|---|---|---|
| Address | | | | | | | | | | |
| | | | | | | | | | | |
| Phone | | | | | | | | | | |
| E-mail | | | | | | | | | | |
| Year | 20..... | 20..... | 20..... | 20..... | 20..... | 20..... | 20..... | 20..... | 20..... | 20..... |
| S | | | | | | | | | | |
| R | | | | | | | | | | |

| Name | | | | | | | | | | |
|---|---|---|---|---|---|---|---|---|---|---|
| Address | | | | | | | | | | |
| | | | | | | | | | | |
| Phone | | | | | | | | | | |
| E-mail | | | | | | | | | | |
| Year | 20..... | 20..... | 20..... | 20..... | 20..... | 20..... | 20..... | 20..... | 20..... | 20..... |
| S | | | | | | | | | | |
| R | | | | | | | | | | |

| Name | | | | | | | | | | |
|---|---|---|---|---|---|---|---|---|---|---|
| Address | | | | | | | | | | |
| | | | | | | | | | | |
| Phone | | | | | | | | | | |
| E-mail | | | | | | | | | | |
| Year | 20..... | 20..... | 20..... | 20..... | 20..... | 20..... | 20..... | 20..... | 20..... | 20..... |
| S | | | | | | | | | | |
| R | | | | | | | | | | |

| Name | | | | | | | | | | |
|---|---|---|---|---|---|---|---|---|---|---|
| Address | | | | | | | | | | |
| | | | | | | | | | | |
| Phone | | | | | | | | | | |
| E-mail | | | | | | | | | | |
| Year | 20..... | 20..... | 20..... | 20..... | 20..... | 20..... | 20..... | 20..... | 20..... | 20..... |
| S | | | | | | | | | | |
| R | | | | | | | | | | |

X

Name

Address

Phone

E-mail

| Year | 20..... | 20..... | 20..... | 20..... | 20..... | 20..... | 20..... | 20..... | 20..... | 20..... |
|---|---|---|---|---|---|---|---|---|---|---|
| S | | | | | | | | | | |
| R | | | | | | | | | | |

Name

Address

Phone

E-mail

| Year | 20..... | 20..... | 20..... | 20..... | 20..... | 20..... | 20..... | 20..... | 20..... | 20..... |
|---|---|---|---|---|---|---|---|---|---|---|
| S | | | | | | | | | | |
| R | | | | | | | | | | |

Name

Address

Phone

E-mail

| Year | 20..... | 20..... | 20..... | 20..... | 20..... | 20..... | 20..... | 20..... | 20..... | 20..... |
|---|---|---|---|---|---|---|---|---|---|---|
| S | | | | | | | | | | |
| R | | | | | | | | | | |

Name

Address

Phone

E-mail

| Year | 20..... | 20..... | 20..... | 20..... | 20..... | 20..... | 20..... | 20..... | 20..... | 20..... |
|---|---|---|---|---|---|---|---|---|---|---|
| S | | | | | | | | | | |
| R | | | | | | | | | | |

| Name | | | | | | | | | | | |
|---|---|---|---|---|---|---|---|---|---|---|---|
| Address | | | | | | | | | | | |
| | | | | | | | | | | | |
| Phone | | | | | | | | | | | |
| E-mail | | | | | | | | | | | |
| Year | 20.... | 20.... | 20.... | 20.... | 20.... | 20.... | 20.... | 20.... | 20.... | 20.... |
| S | | | | | | | | | | |
| R | | | | | | | | | | |

| Name | | | | | | | | | | | |
|---|---|---|---|---|---|---|---|---|---|---|---|
| Address | | | | | | | | | | | |
| | | | | | | | | | | | |
| Phone | | | | | | | | | | | |
| E-mail | | | | | | | | | | | |
| Year | 20.... | 20.... | 20.... | 20.... | 20.... | 20.... | 20.... | 20.... | 20.... | 20.... |
| S | | | | | | | | | | |
| R | | | | | | | | | | |

| Name | | | | | | | | | | | |
|---|---|---|---|---|---|---|---|---|---|---|---|
| Address | | | | | | | | | | | |
| | | | | | | | | | | | |
| Phone | | | | | | | | | | | |
| E-mail | | | | | | | | | | | |
| Year | 20.... | 20.... | 20.... | 20.... | 20.... | 20.... | 20.... | 20.... | 20.... | 20.... |
| S | | | | | | | | | | |
| R | | | | | | | | | | |

| Name | | | | | | | | | | | |
|---|---|---|---|---|---|---|---|---|---|---|---|
| Address | | | | | | | | | | | |
| | | | | | | | | | | | |
| Phone | | | | | | | | | | | |
| E-mail | | | | | | | | | | | |
| Year | 20.... | 20.... | 20.... | 20.... | 20.... | 20.... | 20.... | 20.... | 20.... | 20.... |
| S | | | | | | | | | | |
| R | | | | | | | | | | |

Name X

Address

Phone

E-mail

| Year | 20..... | 20..... | 20..... | 20..... | 20..... | 20..... | 20..... | 20..... | 20..... | 20..... |
|---|---|---|---|---|---|---|---|---|---|---|
| S | | | | | | | | | | |
| R | | | | | | | | | | |

Name

Address

Phone

E-mail

| Year | 20..... | 20..... | 20..... | 20..... | 20..... | 20..... | 20..... | 20..... | 20..... | 20..... |
|---|---|---|---|---|---|---|---|---|---|---|
| S | | | | | | | | | | |
| R | | | | | | | | | | |

Name

Address

Phone

E-mail

| Year | 20..... | 20..... | 20..... | 20..... | 20..... | 20..... | 20..... | 20..... | 20..... | 20..... |
|---|---|---|---|---|---|---|---|---|---|---|
| S | | | | | | | | | | |
| R | | | | | | | | | | |

Name

Address

Phone

E-mail

| Year | 20..... | 20..... | 20..... | 20..... | 20..... | 20..... | 20..... | 20..... | 20..... | 20..... |
|---|---|---|---|---|---|---|---|---|---|---|
| S | | | | | | | | | | |
| R | | | | | | | | | | |

| Name | | | | | | | | | | |
|---|---|---|---|---|---|---|---|---|---|---|
| Address | | | | | | | | | | |
| | | | | | | | | | | |
| Phone | | | | | | | | | | |
| E-mail | | | | | | | | | | |
| Year | 20..... | 20..... | 20..... | 20..... | 20..... | 20..... | 20..... | 20..... | 20..... | 20..... |
| S | | | | | | | | | | |
| R | | | | | | | | | | |

| Name | | | | | | | | | | |
|---|---|---|---|---|---|---|---|---|---|---|
| Address | | | | | | | | | | |
| | | | | | | | | | | |
| Phone | | | | | | | | | | |
| E-mail | | | | | | | | | | |
| Year | 20..... | 20..... | 20..... | 20..... | 20..... | 20..... | 20..... | 20..... | 20..... | 20..... |
| S | | | | | | | | | | |
| R | | | | | | | | | | |

| Name | | | | | | | | | | |
|---|---|---|---|---|---|---|---|---|---|---|
| Address | | | | | | | | | | |
| | | | | | | | | | | |
| Phone | | | | | | | | | | |
| E-mail | | | | | | | | | | |
| Year | 20..... | 20..... | 20..... | 20..... | 20..... | 20..... | 20..... | 20..... | 20..... | 20..... |
| S | | | | | | | | | | |
| R | | | | | | | | | | |

| Name | | | | | | | | | | |
|---|---|---|---|---|---|---|---|---|---|---|
| Address | | | | | | | | | | |
| | | | | | | | | | | |
| Phone | | | | | | | | | | |
| E-mail | | | | | | | | | | |
| Year | 20..... | 20..... | 20..... | 20..... | 20..... | 20..... | 20..... | 20..... | 20..... | 20..... |
| S | | | | | | | | | | |
| R | | | | | | | | | | |

# Y

| Name | | | | | | | | | | |
|---|---|---|---|---|---|---|---|---|---|---|
| Address | | | | | | | | | | |
| | | | | | | | | | | |
| Phone | | | | | | | | | | |
| E-mail | | | | | | | | | | |
| Year | 20..... | 20..... | 20..... | 20..... | 20..... | 20..... | 20..... | 20..... | 20..... | 20..... |
| S | | | | | | | | | | |
| R | | | | | | | | | | |

| Name | | | | | | | | | | |
|---|---|---|---|---|---|---|---|---|---|---|
| Address | | | | | | | | | | |
| | | | | | | | | | | |
| Phone | | | | | | | | | | |
| E-mail | | | | | | | | | | |
| Year | 20..... | 20..... | 20..... | 20..... | 20..... | 20..... | 20..... | 20..... | 20..... | 20..... |
| S | | | | | | | | | | |
| R | | | | | | | | | | |

| Name | | | | | | | | | | |
|---|---|---|---|---|---|---|---|---|---|---|
| Address | | | | | | | | | | |
| | | | | | | | | | | |
| Phone | | | | | | | | | | |
| E-mail | | | | | | | | | | |
| Year | 20..... | 20..... | 20..... | 20..... | 20..... | 20..... | 20..... | 20..... | 20..... | 20..... |
| S | | | | | | | | | | |
| R | | | | | | | | | | |

| Name | | | | | | | | | | |
|---|---|---|---|---|---|---|---|---|---|---|
| Address | | | | | | | | | | |
| | | | | | | | | | | |
| Phone | | | | | | | | | | |
| E-mail | | | | | | | | | | |
| Year | 20..... | 20..... | 20..... | 20..... | 20..... | 20..... | 20..... | 20..... | 20..... | 20..... |
| S | | | | | | | | | | |
| R | | | | | | | | | | |

| Name | | | | | | | | | | |
|---|---|---|---|---|---|---|---|---|---|---|
| Address | | | | | | | | | | |
| | | | | | | | | | | |
| Phone | | | | | | | | | | |
| E-mail | | | | | | | | | | |
| Year | 20..... | 20..... | 20..... | 20..... | 20..... | 20..... | 20..... | 20..... | 20..... | 20..... |
| S | | | | | | | | | | |
| R | | | | | | | | | | |

| Name | | | | | | | | | | |
|---|---|---|---|---|---|---|---|---|---|---|
| Address | | | | | | | | | | |
| | | | | | | | | | | |
| Phone | | | | | | | | | | |
| E-mail | | | | | | | | | | |
| Year | 20..... | 20..... | 20..... | 20..... | 20..... | 20..... | 20..... | 20..... | 20..... | 20..... |
| S | | | | | | | | | | |
| R | | | | | | | | | | |

| Name | | | | | | | | | | |
|---|---|---|---|---|---|---|---|---|---|---|
| Address | | | | | | | | | | |
| | | | | | | | | | | |
| Phone | | | | | | | | | | |
| E-mail | | | | | | | | | | |
| Year | 20..... | 20..... | 20..... | 20..... | 20..... | 20..... | 20..... | 20..... | 20..... | 20..... |
| S | | | | | | | | | | |
| R | | | | | | | | | | |

| Name | | | | | | | | | | |
|---|---|---|---|---|---|---|---|---|---|---|
| Address | | | | | | | | | | |
| | | | | | | | | | | |
| Phone | | | | | | | | | | |
| E-mail | | | | | | | | | | |
| Year | 20..... | 20..... | 20..... | 20..... | 20..... | 20..... | 20..... | 20..... | 20..... | 20..... |
| S | | | | | | | | | | |
| R | | | | | | | | | | |

**Y**

| Name |  |  |  |  |  |  |  |  |  |  |
|---|---|---|---|---|---|---|---|---|---|---|
| Address | | | | | | | | | | |
| | | | | | | | | | | |
| Phone | | | | | | | | | | |
| E-mail | | | | | | | | | | |
| Year | 20.... | 20.... | 20.... | 20.... | 20.... | 20.... | 20.... | 20.... | 20.... | 20.... |
| S | | | | | | | | | | |
| R | | | | | | | | | | |
| Name | | | | | | | | | | |
| Address | | | | | | | | | | |
| | | | | | | | | | | |
| Phone | | | | | | | | | | |
| E-mail | | | | | | | | | | |
| Year | 20.... | 20.... | 20.... | 20.... | 20.... | 20.... | 20.... | 20.... | 20.... | 20.... |
| S | | | | | | | | | | |
| R | | | | | | | | | | |
| Name | | | | | | | | | | |
| Address | | | | | | | | | | |
| | | | | | | | | | | |
| Phone | | | | | | | | | | |
| E-mail | | | | | | | | | | |
| Year | 20.... | 20.... | 20.... | 20.... | 20.... | 20.... | 20.... | 20.... | 20.... | 20.... |
| S | | | | | | | | | | |
| R | | | | | | | | | | |
| Name | | | | | | | | | | |
| Address | | | | | | | | | | |
| | | | | | | | | | | |
| Phone | | | | | | | | | | |
| E-mail | | | | | | | | | | |
| Year | 20.... | 20.... | 20.... | 20.... | 20.... | 20.... | 20.... | 20.... | 20.... | 20.... |
| S | | | | | | | | | | |
| R | | | | | | | | | | |

| Name | | | | | | | | | | |
|---|---|---|---|---|---|---|---|---|---|---|
| Address | | | | | | | | | | |
| | | | | | | | | | | |
| Phone | | | | | | | | | | |
| E-mail | | | | | | | | | | |
| Year | 20.... | 20.... | 20.... | 20.... | 20.... | 20.... | 20.... | 20.... | 20.... | 20.... |
| S | | | | | | | | | | |
| R | | | | | | | | | | |

| Name | | | | | | | | | | |
|---|---|---|---|---|---|---|---|---|---|---|
| Address | | | | | | | | | | |
| | | | | | | | | | | |
| Phone | | | | | | | | | | |
| E-mail | | | | | | | | | | |
| Year | 20.... | 20.... | 20.... | 20.... | 20.... | 20.... | 20.... | 20.... | 20.... | 20.... |
| S | | | | | | | | | | |
| R | | | | | | | | | | |

| Name | | | | | | | | | | |
|---|---|---|---|---|---|---|---|---|---|---|
| Address | | | | | | | | | | |
| | | | | | | | | | | |
| Phone | | | | | | | | | | |
| E-mail | | | | | | | | | | |
| Year | 20.... | 20.... | 20.... | 20.... | 20.... | 20.... | 20.... | 20.... | 20.... | 20.... |
| S | | | | | | | | | | |
| R | | | | | | | | | | |

| Name | | | | | | | | | | |
|---|---|---|---|---|---|---|---|---|---|---|
| Address | | | | | | | | | | |
| | | | | | | | | | | |
| Phone | | | | | | | | | | |
| E-mail | | | | | | | | | | |
| Year | 20.... | 20.... | 20.... | 20.... | 20.... | 20.... | 20.... | 20.... | 20.... | 20.... |
| S | | | | | | | | | | |
| R | | | | | | | | | | |

Z

| | | | | | | | | | | |
|---|---|---|---|---|---|---|---|---|---|---|
| Name | | | | | | | | | | |
| Address | | | | | | | | | | |
| | | | | | | | | | | |
| Phone | | | | | | | | | | |
| E-mail | | | | | | | | | | |
| Year | 20..... | 20..... | 20..... | 20..... | 20..... | 20..... | 20..... | 20..... | 20..... | 20..... |
| S | | | | | | | | | | |
| R | | | | | | | | | | |
| Name | | | | | | | | | | |
| Address | | | | | | | | | | |
| | | | | | | | | | | |
| Phone | | | | | | | | | | |
| E-mail | | | | | | | | | | |
| Year | 20..... | 20..... | 20..... | 20..... | 20..... | 20..... | 20..... | 20..... | 20..... | 20..... |
| S | | | | | | | | | | |
| R | | | | | | | | | | |
| Name | | | | | | | | | | |
| Address | | | | | | | | | | |
| | | | | | | | | | | |
| Phone | | | | | | | | | | |
| E-mail | | | | | | | | | | |
| Year | 20..... | 20..... | 20..... | 20..... | 20..... | 20..... | 20..... | 20..... | 20..... | 20..... |
| S | | | | | | | | | | |
| R | | | | | | | | | | |
| Name | | | | | | | | | | |
| Address | | | | | | | | | | |
| | | | | | | | | | | |
| Phone | | | | | | | | | | |
| E-mail | | | | | | | | | | |
| Year | 20..... | 20..... | 20..... | 20..... | 20..... | 20..... | 20..... | 20..... | 20..... | 20..... |
| S | | | | | | | | | | |
| R | | | | | | | | | | |

| Name | | | | | | | | | | |
|---|---|---|---|---|---|---|---|---|---|---|
| Address | | | | | | | | | | |
| | | | | | | | | | | |
| Phone | | | | | | | | | | |
| E-mail | | | | | | | | | | |
| Year | 20..... | 20..... | 20..... | 20..... | 20..... | 20..... | 20..... | 20..... | 20..... | 20..... |
| S | | | | | | | | | | |
| R | | | | | | | | | | |

| Name | | | | | | | | | | |
|---|---|---|---|---|---|---|---|---|---|---|
| Address | | | | | | | | | | |
| | | | | | | | | | | |
| Phone | | | | | | | | | | |
| E-mail | | | | | | | | | | |
| Year | 20..... | 20..... | 20..... | 20..... | 20..... | 20..... | 20..... | 20..... | 20..... | 20..... |
| S | | | | | | | | | | |
| R | | | | | | | | | | |

| Name | | | | | | | | | | |
|---|---|---|---|---|---|---|---|---|---|---|
| Address | | | | | | | | | | |
| | | | | | | | | | | |
| Phone | | | | | | | | | | |
| E-mail | | | | | | | | | | |
| Year | 20..... | 20..... | 20..... | 20..... | 20..... | 20..... | 20..... | 20..... | 20..... | 20..... |
| S | | | | | | | | | | |
| R | | | | | | | | | | |

| Name | | | | | | | | | | |
|---|---|---|---|---|---|---|---|---|---|---|
| Address | | | | | | | | | | |
| | | | | | | | | | | |
| Phone | | | | | | | | | | |
| E-mail | | | | | | | | | | |
| Year | 20..... | 20..... | 20..... | 20..... | 20..... | 20..... | 20..... | 20..... | 20..... | 20..... |
| S | | | | | | | | | | |
| R | | | | | | | | | | |

# Z

| Name | | | | | | | | | | |
|---|---|---|---|---|---|---|---|---|---|---|
| Address | | | | | | | | | | |
| | | | | | | | | | | |
| Phone | | | | | | | | | | |
| E-mail | | | | | | | | | | |
| Year | 20..... | 20..... | 20..... | 20..... | 20..... | 20..... | 20..... | 20..... | 20..... | 20..... |
| S | | | | | | | | | | |
| R | | | | | | | | | | |

| Name | | | | | | | | | | |
|---|---|---|---|---|---|---|---|---|---|---|
| Address | | | | | | | | | | |
| | | | | | | | | | | |
| Phone | | | | | | | | | | |
| E-mail | | | | | | | | | | |
| Year | 20..... | 20..... | 20..... | 20..... | 20..... | 20..... | 20..... | 20..... | 20..... | 20..... |
| S | | | | | | | | | | |
| R | | | | | | | | | | |

| Name | | | | | | | | | | |
|---|---|---|---|---|---|---|---|---|---|---|
| Address | | | | | | | | | | |
| | | | | | | | | | | |
| Phone | | | | | | | | | | |
| E-mail | | | | | | | | | | |
| Year | 20..... | 20..... | 20..... | 20..... | 20..... | 20..... | 20..... | 20..... | 20..... | 20..... |
| S | | | | | | | | | | |
| R | | | | | | | | | | |

| Name | | | | | | | | | | |
|---|---|---|---|---|---|---|---|---|---|---|
| Address | | | | | | | | | | |
| | | | | | | | | | | |
| Phone | | | | | | | | | | |
| E-mail | | | | | | | | | | |
| Year | 20..... | 20..... | 20..... | 20..... | 20..... | 20..... | 20..... | 20..... | 20..... | 20..... |
| S | | | | | | | | | | |
| R | | | | | | | | | | |

| Name | | | | | | | | | | |
|---|---|---|---|---|---|---|---|---|---|---|
| Address | | | | | | | | | | |
| | | | | | | | | | | |
| Phone | | | | | | | | | | |
| E-mail | | | | | | | | | | |
| Year | 20.... | 20.... | 20.... | 20.... | 20.... | 20.... | 20.... | 20.... | 20.... | 20.... |
| S | | | | | | | | | | |
| R | | | | | | | | | | |

| Name | | | | | | | | | | |
|---|---|---|---|---|---|---|---|---|---|---|
| Address | | | | | | | | | | |
| | | | | | | | | | | |
| Phone | | | | | | | | | | |
| E-mail | | | | | | | | | | |
| Year | 20.... | 20.... | 20.... | 20.... | 20.... | 20.... | 20.... | 20.... | 20.... | 20.... |
| S | | | | | | | | | | |
| R | | | | | | | | | | |

| Name | | | | | | | | | | |
|---|---|---|---|---|---|---|---|---|---|---|
| Address | | | | | | | | | | |
| | | | | | | | | | | |
| Phone | | | | | | | | | | |
| E-mail | | | | | | | | | | |
| Year | 20.... | 20.... | 20.... | 20.... | 20.... | 20.... | 20.... | 20.... | 20.... | 20.... |
| S | | | | | | | | | | |
| R | | | | | | | | | | |

| Name | | | | | | | | | | |
|---|---|---|---|---|---|---|---|---|---|---|
| Address | | | | | | | | | | |
| | | | | | | | | | | |
| Phone | | | | | | | | | | |
| E-mail | | | | | | | | | | |
| Year | 20.... | 20.... | 20.... | 20.... | 20.... | 20.... | 20.... | 20.... | 20.... | 20.... |
| S | | | | | | | | | | |
| R | | | | | | | | | | |

# Notes

# Notes

# Notes

# Notes

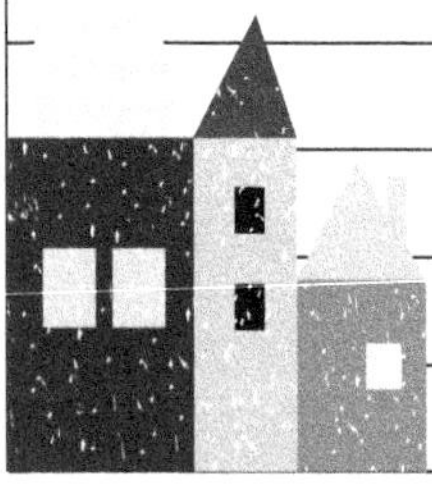

Printed in the USA
CPSIA information can be obtained
at www.ICGtesting.com
LVHW022152101224
798831LV00039B/1169
* 9 7 8 1 6 7 3 0 6 2 1 2 0 *